A CONCORDANCE
TO THE ANONYMOUS
CONSTITUTION OF ATHENS

A CONCORDANCE TO THE ANONYMOUS

CONSTITUTION OF ATHENS

DANA FERRIN SUTTON

BOLCHAZY-CARDUCCI PUBLISHERS, CHICAGO

Although the words of Ps.-Xenophon's *Constitution of Athens* are included in F. W. Sturz, *Lexicon Xenophonteum* (repr. Hildesheim, 1964),[1] two considerations suggest that a concordance to this short treatise would prove useful: besides being a document of Athenian domestic politics of the fifth century B. C.,[2] it is our earliest specimen of continuous Attic prose descended by ms. transmission. As such, it has an important claim on the attention both of historians and students of the Greek language.

The *Constitution of Athens* amounts to approximately three thousand words. This short length permits the compiler of a concordance to quote at many points more surrounding context than is normally possible, and also allows him to include the kind of words all too often omitted in concordances, such as particles, prepositions, and pronouns. The text employed is that of G. W. Bowersock, *H.S.C.P.* 71 (1967) 33 - 55 (citation numbers in parentheses refer to the pagination and lineation of this edition). I have decided not to yield to an initial temptation to introduce text-emendations of my own; but in one instance this impulse is too strong to resist. At I.16 (50, 1 Bowersock) I have substituted πρυτανειῶν for πρυτανείων: individuals receive pay for holding the office of the prytaneia. At 50, 32 Bowersock's ἐστιν is surely a typographical error for ἐστὶν. Some variant ms. readings are of sufficient interest that they are recorded here: I.13 (49, 10) καὶ τριηραρχοῦσιν (C only); I.14 (49, 19) ἀτιμῶσι (M); II.14 (52.19) ἐβούλοντο (C).

In the following concordance all of the instances of a given word are collected in a single entry, save that irregular comparative and superlative adjectives are registered independently.

University of California at Irvine   Dana Ferrin Sutton

1. Cf. also E. Kalinka, *Xenophontis de re publica Atheniensium qui inscribitur libellus* (Vienna, 1898) 30 - 51.
2. For a modern account of the date and particulars of this work cf. Bowersock, *op. cit. infra.*

A

ἀγαθός: γιγνώσκοντες ὅτι σφίσιν ἀγαθόν ἐστι τοὺς βελτ-
ίστους σῴζειν Ι.14 (49, 22); τοῖς δὲ δημοτικοῖς
δοκεῖ μεῖζον ἀγαθὸν εἶναι Ι.15 (49, 25); ἐὰν δέ τι
ἀγαθόν (sc. ἀναβαίνῃ), ΙΙ.17 (53, 9); καὶ κυβερ-
νῆται ἀγαθοὶ γίγνονται δι' ἐμπειρίαν Ι.20 (50,
23); τοῖς ὁμοίοις σφίσιν αὐτοῖς ἦν ἀγαθά, τοῖς δὲ
δημοτικοῖς οὐκ ἀγαθά· Ι.6 (48, 7-8); ὅσα ἐν
τούτῳ ἔνι ἀγαθὰ τῷ δήμῳ τῷ 'Αθηναίων· Ι.16 (49,
29); ἀπὸ τούτων τοίνυν τῶν ἀγαθῶν Ι.9 (48, 21);
γιγνώσκοντες ὅτι εἰ αὐτὴν ἐλεήσουσιν ἑτέρων
ἀγαθῶν μειζόνων στερήσονται. ΙΙ.16 (52, 33);
οὐ γὰρ νομίζουσι τὴν ἀρετὴν πρὸς τῷ σφετέρῳ ἀγ-
αθῷ πεφυκέναι, ΙΙ.19 (53, 21); ἐξευρίσκει τὸ ἀγ-
αθὸν αὐτῷ τε καὶ τοῖς ὁμοίοις αὐτῷ. Ι.6 (48, 9);
τί ἂν οὖν γνοίη ἀγαθὸν αὐτῷ ἢ τῷ δήμῳ (;) Ι.7
(48, 10)

ἄγω: ἥ τε πενία αὐτοὺς μᾶλλον ἄγει ἐπὶ τὰ αἰσχρά, Ι.5
(48, 2); καὶ ἄγουσι μὲν ἑορτὰς διπλασίους ἢ οἱ
ἄλλοι· ΙΙΙ.8 (55, 3); ἄλλοσε ἄγειν οὐκ ἐάσουσι οἵ
τινες ἀντίπαλοι ἡμῖν εἰσιν ΙΙ.12 (52, 9); οἴ-
εσθαι χρὴ καὶ ἑορτὰς ἄγειν χρῆναι 'Αθηναίους ΙΙΙ.
8 (55, 2); ἀλλ' ἐγὼ μὲν τίθημι ἴσας τῇ ὀλιγίστας
ἀγούσῃ πόλει. ΙΙΙ.8 (55, 4)

ἀδεῶς: ἀδεῶς ζῇ II.4 (52, 23); καὶ ταῦτα ἂν ἀδεῶς εἶχεν
    αὑτοῖς. II.15 (52, 30)

ἀδικέω: ἢ ὑπό του ἀδικῇ II.17 (55, 3); ἀδικεῖν παρε-
    σκευάσατο II.20 (53, 25); (sc. οὐκ) ὑπάρχουσιν
    ὥστε παύειν τοὺς ἀδικοῦντας III.6 (54, 31)

ἀδίκημα: καὶ ἐάν τι ἄλλο ἐξαπιναῖον ἀδίκημα γίγνηται,
    III.5 (54, 24)

ἀδικία: ἐν γὰρ τοῖς βελτίστοις ἔνι ἀκολασία τε ὀλιγίστη
    καὶ ἀδικία, I.5 (47, 28)

ἀδίκως: οὐδεὶς ἄρα ἀδίκως ἠτίμωται ᾿Αθήνησιν. III.12
    (55, 24); ἐγὼ δὲ φημί τινας εἶναι οἳ ἀδίκως ἠτίμ-
    ωνται, III.12 (55, 25); εἴ τινες ἀδίκως (sc.
    ἠτίμωνται), III.12 (55, 28); πῶς ἂν οὖν ἀδίκως
    οἴοιτό τις III.12 (55, 28)

ἀδύνατος: ἀδυνάτους ὄντας ἐπιβουλεύειν. I.15 (49, 26)

ᾄδω: καὶ ᾄδων καὶ τρέχων καὶ ὀρχούμενος καὶ πλέων ἐν
    ταῖς ναυσίν, I.13 (49, 11)

ἀεί: τοὺς βελτίστους σῴζειν ἀεὶ ἐν ταῖς πόλεσιν. I.14
    (49, 22); περὶ τῶν κατὰ πόλιν ἀεὶ γιγνομένων, III.
    2 (54, 9)

ἀήθης: ἐάν τε ὑβρίζωσί τινες ἄηθες ὕβρισμα, III.5 (54,
    25)

2.

Ἀθήναζε: τοὺς συμμάχους ἀνάγκουσι πλεῖν ἐπὶ δίκας
    Ἀθήναζε. I.16 (49, 28); δεῖ μὲν ἀφικόμενον Ἀθ-
    ήναζε δίκην δοῦναι καὶ λαβεῖν I.18 (50, 14)

Ἀθηναῖος: Ἀθηναῖοι δὲ κεκραμένῃ ἐξ ἀπάντων τῶν Ἑλ-
    λήνων καὶ βαρβάρων (sc. χρῶνται) II.8 (51, 28);
    εἰ γὰρ νῆσον οἰκοῦντες θαλασσοκράτορες ἦσαν Ἀθ-
    ηναῖοι, II.14 (52, 19); Δοκοῦσι δὲ Ἀθηναῖοι καὶ
    τοῦτό μοι οὐκ ὀρθῶς βουλεύεσθαι III.10 (55, 12);
    διὰ ταῦτα οὖν Ἀθηναῖοι τὰ σφίσιν αὐτοῖς προσ-
    ήκοντα αἱροῦνται, III.10 (55, 17); Περὶ δὲ τῆς
    Ἀθηναίων πολιτείας, I.1 (47, 1) = III.1 (53, 27);
    οἱ δὲ χρηστοὶ Ἀθηναίων I.14 (49, 21); ἰσχύς
    ἐστιν αὕτη Ἀθηναίων, I.15 (49, 23); τὰ τῶν συμ-
    μάχων χρήματα ἕνα ἕκαστον Ἀθηναίων ἔχειν, I.15
    (49, 25); ὁ δῆμος ὁ Ἀθηναίων I.16 (49, 27); τῷ
    δήμῳ τῷ Ἀθηναίων· I.16 (49, 29); οἵτινες φίλοι
    μάλιστα ἦσαν Ἀθηναίων τῷ δήμῳ· I.16 (50, 5);
    ὁ δῆμος τῶν Ἀθηναίων τάδε κερδαίνει I.17 (50, 6);
    τοὺς ἐκπλέοντας Ἀθηναίων ἐτίμων ἂν μόνους, I.18
    (50, 11); νῦν δ' ἠνάγκασται τὸν δῆμον κολακεύειν
    τὸν Ἀθηναίων εἷς ἕκαστος τῶν συμμάχων, I.18 (50,
    13); οἱ σύμμαχοι δοῦλοι τοῦ δήμου τῶν Ἀθηναίων
    καθεστᾶσι μᾶλλον. I.18 (50, 18); ὁπόσαι δ' ἐν τῇ
    ἠπείρῳ εἰσὶ πόλεις ὑπὸ τῶν Ἀθηναίων ἀρχόμεναι,
    II.3 (51, 4); οἱ γεωργοῦντες καὶ οἱ πλούσιοι

3.

Ἀθηναίων ΙΙ.14 (55, 22); ἄτε ἀχθόμενοι Ἀθηναίοις
Ι.16 (50, 4); πολλάκις ἄν οἰηθείς εἶναι τὸν Ἀθην-
αῖον δοῦλον ἐπάταξεν ἄν· Ι.10 (48, 27); καὶ τάδε
τινὰς ὁρῶ μεμφομένους Ἀθηναίους ΙΙΙ.1 (53, 31);
οἴεσθαι χρὴ καὶ ἑορτὰς ἄγειν χρῆναι Ἀθηναίους ΙΙΙ.
8 (55, 2); Λακεδαιμόνιοι καταστρεψάμενοι Μεσσην-
ίους ἐπολέμουν Ἀθηναίους. ΙΙΙ.11 (55, 23)

Ἀθήνησι: τῶν δούλων δ᾽ αὖ καὶ τῶν μετοίκων πλείστη
ἐστὶν Ἀθήνησιν ἀκολασία Ι.10 (48, 23); ὀλίγιστον
χρόνον ἡ ἀρχὴ ἔσται τοῦ δήμου τοῦ Ἀθήνησι, Ι.14
(49, 19); τῶν δίκων Ἀθήνησιν οὐσῶν τοῖς συμμάχοις·
Ι.17 (50, 7); ὃς ἐστι δὴ νόμος Ἀθήνησι· Ι.18 (50,
16); ὃ ἥκιστα δοκεῖ εὖ ἔχειν Ἀθήνησιν, ΙΙ.1 (50,
27); τὸν δῆμον τὸν Ἀθήνησι ΙΙ.19 (53, 17); καὶ
τοῦτο Ἀθήνησι γίγνεται ΙΙΙ.1 (54, 1); ἀπὸ χρημ-
άτων πολλὰ διαπράττεσθαι Ἀθήνησι ΙΙΙ.3 (54, 14);
οὔ φημι οἷόν τ᾽ εἶναι ἄλλως ἔχειν τὰ πράγματα Ἀθ-
ήνησιν ΙΙΙ.8 (55, 5); οὐδεὶς ἄρα ἀδίκως ἠτίμωται
Ἀθήνησιν. ΙΙΙ.12 (55, 24); τῇ δημοκρατίᾳ τῇ Ἀθ-
ήνησιν· ΙΙΙ.12 (55, 26); ἄν τοὺς πολλοὺς ἠτιμῶσθαι
Ἀθήνησιν, ΙΙΙ.13 (55, 29); ἐκ τούτων ἄτιμοί εἰσιν
Ἀθήνησι. ΙΙΙ.13 (55, 31); χρή...μὴ νομίζειν εἶναί
τι δεινὸν ἀπὸ τῶν ἀτίμων Ἀθήνησιν. ΙΙΙ.13 (55, 32)

ἀθροίζω: ταῦτα πάντα εἰς ἓν ἠθροίσθη διὰ τὴν ἀρχὴν τῆς

4.

θαλάττης. II.7 (51, 26)

Αἴγυπτος: ἥ ἐν Αἰγύπτῳ II.7 (51 24)

αἱρέω: τοὺς χείρους αἱροῦνται ἐν ταῖς πόλεσι ταῖς στασ-
ιαζούσαις. III.10 (55, 13); διὰ ταῦτα οὖν 'Αθην-
αῖοι τὰ σφίσιν αὐτοῖς προσήκοντα αἱροῦνται. III.
10 (55, 18); ὁποσάκις δ' ἐπεχείρησαν αἱρεῖσθαι τοὺς
βελτίστους, III.10 (55, 19); εἰ μὲν γὰρ ᾑροῦντο
τοὺς βελτίους, III.10 (55, 14); ᾑροῦντ' ἂν οὐχὶ
τοὺς ταὐτὰ γιγνώσκοντας σφίσιν αὐτοῖς· III.10 (55,
14); εἴλοντο ἐν δημοκρατουμένῃ πόλει οἰκεῖν μᾶλλον
ἢ ἐν ὀλιγαρχουμένῃ, II.20 (53, 24); ὅτι μὲν εἴλ-
οντο τοῦτον τὸν τρόπον τῆς πολιτείας, I.1 (47, 1);
ὅτι ταῦθ' ἑλόμενοι εἴλοντο τοὺς πονηροὺς ἄμεινον
πράττειν ἢ τοὺς χρηστούς. I.1 (47, 2); τοῦτο δὲ
ὅτε Μιλησίων εἴλοντο τοὺς βελτίστους, III.11 (55,
20); τοῦτο δὲ ὅτε εἴλοντο Λακεδαιμονίους ἀντὶ
Μεσσηνίων, III.11 (55, 22)

αἰσχρός: ἥ τε γὰρ πενία αὐτοὺς μᾶλλον ἄγει ἐπὶ τὰ
αἰσχρά, I.5 (48, 2)

αἰτία: ἑνὶ ἀνατιθέντι τὴν αἰτίαν τῷ λέγοντι καὶ τῷ ἐπι-
ψηφίσαντι, II.17 (53, 4); σφίσιν αὐτοῖς τὴν αἰτίαν
ἀνατιθέασι. II.17 (53, 10)

αἰτιάομαι: αἰτιᾶται ὁ δῆμος ὡς ὀλίγοι ἄνθρωποι αὐτῷ

ἀντιπράττοντες διέφθειραν· II.17 (53, 8)

ἀκολασία: ἐν γὰρ τοῖς βελτίστοις ἔνι ἀκολασία τε ὀλιγ-
ίστη καὶ ἀδικία, I.5 (47, 28); Τῶν δούλων δ' αὖ
καὶ τῶν μετοίκων πλείστη ἐστὶν ᾿Αθήνησιν ἀκολασία
I.10 (48, 24)

ἀκόλουθος: αὐτοί τε καὶ οἱ ἀκόλουθοι· I.19 (50, 21)

ἀκούω: ἵνα μὴ αὐτοὶ ἀκούωσι κακῶς· II.18 (53, 11);
φωνὴν πᾶσαν ἀκούοντες II.8 (51, 27)

ἀκρίβεια: ἀκρίβεια δὲ πλείστη εἰς τὰ χρηστά, II.5 (48,
1)

ἀκτή: παρὰ πᾶσαν ἤπειρόν ἐστιν ἢ ἀκτὴ προέχουσα ἢ νῆσος
προκειμένη ἢ στενόπορόν τι· II.13 (52, 15)

ἀληθῶς: ὄντες ὡς ἀληθῶς τοῦ δήμου, II.19 (53, 22)

ἀλλά: ἀλλ' ἐὰν τοὺς δυνατωτάτους ἄρχειν· I.3 (47, 19);
ἀλλὰ τοὺς δεξιωτάτους καὶ ἄνδρας ἀρίστους (sc. ἐὰν
λέγειν)· I.6 (48, 5); ἀλλ' ἡ δημοκρατία μάλιστ' ἂν
σῴζοιτο οὕτως. I.8 (48, 14); ἀλλ' ἐλεύθερος εἶναι
καὶ ἄρχειν, I.8 (48, 15); οὐκ ἐν ἄλλοις τισὶν ἀλλ'
ἐν τῷ δήμῳ, I.18 (50, 15); ἀλλὰ παραπλεῦσαι, II.5
I51, 17); ἀλλ' ὅπου λίνον ἐστὶ πλεῖστον, II.12
(52, 12); ἀλλὰ τὸ μὲν τῇ, τὸ δὲ τῇ. II.12 (52, 14);
ἀλλ' ἢ πλούσιος ἢ γενναῖος ἢ δυνάμενος (sc. ἐστί)

6.

II.18 '53, 13); ἀλλ' ἐπὶ τῷ κακῷ· II.19 (53, 21);

ἀλλὰ ᾠήσει τις χρῆναι δικάζειν μέν, III.7 (54, 32);

ἀλλ' ἐγὼ μὲν τίθημι ἴσας τῇ ὀλιγίστας ἀγούσῃ πόλει.

III.8 (55, 3); ἀλλὰ τὸ κάκιστον ἐν ἑκάστῃ ἐστὶ πόλει

εὔνουν τῷ δήμῳ· III.10 (55, 16); ἀλλ' ἐντὸς ὀλίγου

χρόνου III.11 (55, 19); ἀλλ' οὐκ ὀλίγων δεῖ τῶν ἐπι-

θησομένων τῇ δημοκρατίᾳ τῇ 'Αθήνησιν· III.12 (55, 25);

ἀλλ' εἴ τινες (sc. ἠτίμωνται), III.13 (55, 28)

ἄλλοθι: ἢ ἄλλοθί που, II.7 (51, 25)

ἄλλος: ἄλλη δ' οὐδεμία πόλις δύο τούτων ἔχει· II.12 (52,
11); καὶ ἐάν τι ἄλλο ἐξαπιναῖον ἀδίκημα γίγνηται,
II.5 (54, 24); καὶ ἄγουσι μὲν ἑορτὰς διπλασίους ἢ
οἱ ἄλλοι· III.8 (55, 3); ἐπιμισγόμενοι ἄλλη ἄλλοις·
II.7 (51, 23-24); (sc. δοκοῦσιν) τοῖς ἄλλοις "Ελλησι,
I.1 (47, 5); δίκην δοῦναι καὶ λαβεῖν οὐκ ἐν ἄλλοις
τισὶν ἀλλ' ἐν τῷ δήμῳ, I.18 (50, 15); ἀρνεῖσθαι τοῖς
ἄλλοις ὅτι οὐ παρῆν II.17 (53, 5); καὶ τοῦτο 'Αθήνησι
γίγνεται οὐδὲν δι' ἄλλο ἢ <διότι> III.1 (54, 1); καὶ
τἆλλα διαπράττονται I.1 (47. 5); οὐδὲ τἆλλα δύο ἢ τρία
μίᾳ πόλει, II.12 (52, 14)

ἄλλοσε: ἄλλοσε ἄγειν οὐκ ἐάσουσιν οἵ τινες ἀντίπαλοι ἡμῖν
εἰσιν II.13 (52, 9)

ἄλλως: οὔ φημι οἷόν τ' εἶναι ἄλλως ἔχειν τὰ πράγματα

Ἀθήνησιν III.5 (55, 5)

ἅμα: οὐ γὰρ ἅμα πᾶσα γῆ νοσεῖ, II.6 (51, 9)

ἀμαθία: ἐν δὲ τῷ δήμῳ ἀμαθία τε πλείστη καὶ ἀταξία καὶ
   πονηρία· I.5 (48, 1); καὶ ἡ ἀπαιδευσία καὶ ἡ ἀμαθ-
   ία δι' ἔνδειαν χρημάτων <ἔνι> ἐνίοις τῶν ἀνθρώπων.
   I.5 (48, 13); οἳ δὲ γιγνώσκουσιν ὅτι ἡ τούτου
   ἀμαθία καὶ πονηρία καὶ εὔνοια μᾶλλον λυσιτελεῖ I.
   7 (48, 11)

ἁμαρτάνω: (sc. εὖ) διαπράττονται ἃ δοκοῦσιν ἁμαρτάνειν
   τοῖς ἄλλοις Ἕλλησιν, I.1 (47, 5)

ἀμείνων: εἵλοντο τοὺς πονηροὺς ἄμεινον πράττειν ἢ τοὺς
   χρηστούς. I.1 (47, 3); ἄμεινον πράττειν· I.17 (50,
   8); οἱ κήρυκες ἄμεινον πράττουσι διὰ τὰς ἐπιδημίας
   τὰς τῶν συμμάχων. I.17 (50, 10)

ἄν ("if"): καὶ ἂν μέν τι κακὸν ἀναβαίνῃ II.17 (53, 7); ἂν
   τοὺς πολλοὺς ἠτιμῶσθαι Ἀθήνησιν, III.13 (55, 28)

ἄν (particle): εἴποι δ' ἄν τις I.6 (48, 4); εἴποι τις ἄν,
   I.7 (48, 10); τί ἂν οὖν γνοίη ἀγαθὸν αὐτῷ ἢ τῷ δήμῳ
   (;) I.7 (48, 10); εἴη μὲν οὖν ἂν πόλις οὐκ ἀπὸ τοι-
   ούτων διαιτημάτων ἡ βελτίστη, I.8 (48, 13); ἀλλ' ἡ
   δημοκρατία μάλιστ' ἂν σῴζοιτο οὕτως. I.8 (48, 14);
   τάχιστ' ἂν ὁ δῆμος εἰς δουλείαν καταπέσοι. I.9 (48,
   22); πολλάκις ἂν οἰηθεὶς εἶναι τὸν Ἀθηναῖον δοῦλον

ἐπάταξαν ἄν· I.10 (48, 27); καὶ τοῦτο γνώμη φαν-
εῖαν ἂν ποιοῦντες. I.11 (48, 31); εἴποι δέ τις ἂν
I.15 (49, 23); τούτους ἂν σφῶν αὐτῶν ἀπώλλυσαν I.
16 (50. 4); τοὺς ἐκπλέοντας ᾿Αθηναίων ἐτίμων ἂν
μόνους, I.18 (50, 12); ὅπου ἂν μηδεὶς ᾖ πολέμιος
II.4 (51, 9); ἢ ὅπου ἂν ὀλίγοι (sc. πολέμιοι ὦσι)
II.4 (51, 9); οὗ μὲν ἂν ᾖ κρείττων, II.5 (51, 16);
ἕως ἂν ἐπὶ φιλίαν χώραν ἀφίκηται II.5 (51, 17);
ὑπῆρχεν ἂν αὐτοῖς II.14 (52, 19); καὶ ἑτέρου δέους
ἀπηλλαγμένοι ἂν ἦσαν, II.15 (52, 25); πῶς γὰρ
νῆσον οἰκούντων ταῦτ' ἂν ἐγίγνετο; II.15 (52, 27);
ἐλπίδα ἂν ἔχοντες ἐν τοῖς πολεμίοις στασιάσειαν
II.15 (52, 28); καὶ ταῦτα ἂν ἀδεῶς εἶχεν αὐτοῖς.
II.15 (52, 30); ἅσσα δ' ἂν ὁ δῆμος συνθῆται, II.17
(53, 3); ὅσα ἂν μὴ βούλωνται. II.17 (53, 7); πῶς
γὰρ ἂν καὶ οἷοί τε εἶεν, III.2 (54, 3); ἐγὼ δὲ
τούτοις ὁμολογήσαιμ' ἂν III.3 (54, 13); καὶ ἔτι ἂν
πλείω διαπράττεσθαι III.3 (54, 14); ᾑροῦντ' ἂν
οὐχὶ τοὺς ταὐτὰ γιγνώσκοντας σφίσιν αὐτοῖς· III.10
(55, 14); ᾿Υπολάβοι δέ τις ἂν III.12 (55, 24) ;
πῶς ἂν οὖν ἀδίκως οἴοιτό τις III.13 (55, 28)

ἀναβαίνω: καὶ ἂν μέν τι κακὸν ἀναβαίνῃ II.15 (53, 8);
ἀναβάντα ἀποπλεῖν (sc. ἔξεστι) II.4 (51, 10)

ἀναγκάζω: τοὺς συμμάχους ἀναγκάζουσι πλεῖν ἐπὶ δίκας
᾿Αθήναζε. I.16 (49, 28); καὶ ἀντιβολῆσαι ἀναγκάζεται

9.

ἐν τοῖς δικαστηρίοις I.18 (50, 16); νῦν δ᾽ ἠναγ-
κάζεται τὸν δῆμον κολακεύειν τὸν Ἀθηναίων εἷς ἕκ-
αστος τῶν συμμάχων, I.18 (50, 13)

ἀνάγκη: ἀπὸ χρημάτων ἀνάγκη τοῖς ἀνδραπόδοις δουλεύειν,
I.11 (48, 32); μισεῖσθαι μὲν ἀνάγκη τὸν ἄρχοντα
ὑπὸ τοῦ ἀρχομένου I.14 (49, 17); ἀνάγκη γὰρ ἄνθρωπον
πολλάκις πλέοντα κώπην λαβεῖν I.19 (50, 21); συμ-
μαχίας καὶ τοὺς ὅρκους ταῖς μὲν ὀλιγαρχουμέναις
πόλεσιν ἀνάγκη ἐμπεδοῦν· II.17 (53, 2); ἀνάγκη δ᾽
ἐνιαυτοῦ (sc. διαδικάζειν) III.6 (54, 30); ἀνάγκη
τοίνυν, III.7 (54, 32)

ἀνατίθημι: σφίσιν αὐτοῖς τὴν αἰτίαν ἀνιτιθέασι. II.17
(53, 10); ἑνὶ ἀνατιθέντι τὴν αἰτίαν τῷ λέγοντι καὶ
τῷ ἐπιψηφίσαντι, II.17 (53, 4)

ἀνδράποδον: εἴ τῳ ζεῦγός ἐστιν ἢ ἀνδράποδον μισθοφοροῦν·
I.17 (50, 9); ἀπὸ χρημάτων ἀνάγκη τοῖς ἀνδραπόδοις
δουλεύειν, I.11 (48, 32)

ἄνευ: ἄνευ νεῶν ἔκπλου διοικοῦσι τὰς πόλεις τὰς συμμαχ-
ίδας, I.16 (50, 2)

ἀνήρ: τοὺς δεξιωτάτους καὶ ἄνδρας ἀρίστους (sc. ἐὰν
λέγειν) I.16 (48, 5)

ἄνθρωπος: ἀναστὰς ἄνθρωπος πονηρός I.6 (48, 9); τί ἂν οὖν
γνοίη ἀγαθὸν αὐτῷ ἢ τῷ δήμῳ τοιοῦτος ἄνθρωπος; I.7

(48, 11); αἰτιᾶται ὁ δῆμος ὡς ὀλίγοι ἄνθρωποι αὐτῷ
ἀντιπράττοντες διέφθειραν· II.7 (53, 8); οἱ σύμ-
παντες ἄνθρωποι III.2 (54, 6); ἡ ἀμαθία δι'ἔνδειαν
χρημάτων <ἔνι> ἐνίοις τῶν ἀνθρώπων. I.5 (48, 3);
ὑπὸ τοῦ πλήθους τῶν ἀνθρώπων, III.6 (54, 31);
ἐνίοτε οὐκ ἔστιν αὐτόθι χρηματίσαι τῇ βουλῇ οὐδὲ
τῷ δήμῳ ἐνιαυτὸν καθημένῳ ἀνθρώπῳ· III.1 (54, 1);
(sc. εἰ) μὴ οἷοί τ' εἰσὶ πᾶσιν ἀνθρώποις χρηματ-
ίσαι; III.2 (54, 11); ἀνάγκη γὰρ ἄνθρωπον πολλάκ-
ις πλέοντα κώπην λαβεῖν I.19 (50, 21); καὶ οὐκ
ἐάσουσι μαινομένους ἀνθρώπους βουλεύειν οὐδὲ λέγ-
ειν οὐδὲ ἐκκλησιάζειν I.9 (48, 20); οὐ δεῖ ἐν-
θυμεῖσθαι ἀνθρώπους III.12 (55, 27)

ἀνίστημι: νῦν δὲ λέγων ὁ βουλόμενος ἀναστάς I.6 (48, 8)

ἀνοίγνυμι: μηδὲ πύλας ἀνοιχθῆναι II.15 (52, 26)

ἀντί: τοῦτο δὲ ὅτι εἵλοντο Λακεδαιμονίους ἀντὶ Μεσσην-
ίων, III.11 (55, 22)

ἀντιβολέω: καὶ ἀντιβολῆσαι ἀναγκάζεται ἐν τοῖς δικαστηρ-
ίοις I.18 (50, 16)

ἀντιλογίζομαι: οἳ δὲ ἀντιλογίζονται ὅσα ἐν τούτῳ ἔνι
ἀγαθὰ τῷ δήμῳ τῷ Ἀθηναίων· I.16 (49, 28)

ἀντίπαλος: ἄλλοσε ἄγειν οὐκ ἐάσουσιν οἵ τινες ἀντίπαλοι
ἡμῖν εἰσιν II.12 (52, 10)

ἀξιόω: ἀξιοῖ γοῦν ἀργύριον λαμβάνειν ὁ δῆμος Ι.13 (49, 11)

ἄξυλος: ὅπου λίνον ἐστὶ πλεῖστον, λεία χώρα καὶ ἄξυλος· ΙΙ.12 (52, 13)

ἀπαιδευσία: καὶ ἡ ἀπαιδευσία καὶ ἡ ἀμαθία δι' ἔνδειαν χρημάτων < ἔνι > ἐνίοις τῶν ἀνθρώπων. Ι.5 (48, 3)

ἀπαλλάττω: καὶ ἑτέρου δέους ἀπηλλαγμένοι ἂν ἦσαν, ΙΙ.15 (52, 24)

ἅπας: κεκραμένη ἐξ ἁπάντων τῶν Ἑλλήνων καὶ βαρβάρων. ΙΙ.8 (51, 29); τῷ δήμῳ ἅπαντι, Ι.3 (47, 16); ταῦτα οὐκ οἴεσθαι < χρὴ > χρῆναι διαδικάζειν ἅπαντα; ΙΙΙ.6 (54, 28); εἰ δ' αὖ ὁμολογεῖν δεῖ ἅπαντα χρῆναι διαδικάζειν, ΙΙΙ.6 (54, 29)

ἄπειμι: καὶ ἐλευθέρους ἀφιέναι· Ι.11 (48, 33)

ἀπελεύθερος: εἰ νόμος ἦν τὸν δοῦλον ὑπὸ τοῦ ἐλευθέρου τύπτεσθαι ἢ τὸν μέτοικον ἢ τὸν ἀπελεύθερον, Ι.10 (48, 26)

ἀπέρχομαι: οὐχ οἷόν τε ἀπὸ τῆς σφετέρας αὐτῶν ἀπελθεῖν πολλῶν ἡμερῶν ὁδόν· ΙΙ.5 (51, 13)

ἀπό: ἀπὸ τοιούτων διαιτημάτων Ι.8 (48, 13); ἀπὸ τούτου ἰσχύει ὁ δῆμος Ι.8 (48, 17); ἀπὸ τούτων τοίνυν τῶν

ἀγαθῶν I.9 (48, 21); ἀπὸ χρημάτων ἀνάγκη τοῖς ἀνδρα-
πόδοις δουλεύειν. I.11 (48, 31); ἀπὸ τῶν πρυτανείων
τὸν μισθὸν...λαμβάνειν. I.16 (49, 29); ἀποπλεῦσαι
ἀπὸ τῆς σφετέρας αὐτῶν II.5 (51, 12); ἀπὸ τῆς σφετ-
έρας αὐτῶν ἀπελθεῖν II.5 (51, 13); ὀνόματα ἀπὸ τῶν
ὀλίγων οἳ συνέθεντο. II.17 (53, 3); ἀπὸ ὧν ὁ δῆμος
ἐβούλευσεν, II.17 (53, 8); ἀπὸ χρημάτων πολλὰ δια-
πράττεσθαι Ἀθήνησι III.3 (54, 13); χρή...μὴ νομ-
ίζειν εἶναί τι δεινὸν ἀπὸ τῶν ἀτίμων Ἀθήνησιν, III.
13 (55, 32)

ἀποβαίνω: τὸν δὲ πλέοντα...ἔξεστιν ἀποβῆναι II.5 (51, 16)

ἀποδείκνυμι: τοῦτ' ἀποδείξω. I.1 (47, 6)

ἀποδυτήριον: καὶ γυμνάσια καὶ λουτρὰ καὶ ἀποδυτήρια τοῖς
μὲν πλουσίοις ἐστὶν ἰδίᾳ ἐνίοις, II.10 (51, 34); ὁ δὲ
δῆμος αὐτὸς οἰκοδομεῖται ἰδίᾳ παλαίστρας πολλάς, ἀπο-
δυτήρια, λυτρῶνας· II.10 (52, 1)

ἀποκτείνω: χρήματα ἀφαιροῦνται καὶ ἐξελαύνονται καὶ ἀπο-
κτείνουσι, I.14 (49, 20)

ἀπολαύω: καὶ πλείω τούτων ἀπολαύει ὁ ὄχλος ἢ οἱ ὀλίγοι καὶ
οἱ εὐδαίμονες. II.10 (52, 1)

ἀπόλλυμι: τοὺς δ' ἐναντίους ἀπολλύουσιν ἐν τοῖς δικαστηρ-
ίοις· I.16 (50, 3); ἀπολοῦνται λιμῷ· II.2 (51, 3);

τούτους ἂν σφῶν αὐτῶν ἀπώλλυσαν I.16 (50, 5)

ἀποπέμπω: οὐχ οἷοί τε πάντας ἀποπέμπειν χρηματίσαντες.
III.1 (54, 2)

ἀποπλέω: ἀναβάντα ἀποπλεῖν (sc. ἔξεστι)· II.4 (51, 10);
τοῖς μὲν κατὰ θάλατταν ἄρχουσιν οἷόν τ' ἀποπλεῦσαι
...ὁπόσον βούλει πλοῦν, II.5 (51, 12)

ἀπορέω: καὶ τοῦτο ποιῶν ἧττον ἀπορεῖ II.4 (51, 10)

ἀποφορά: ἵνα +λαμβάνων μὲν πραττῇ+ τὰς ἀποφοράς, I.11 (48,
33)

ἆρα: ἆρα δή τι θαυμαστόν ἐστιν (;) III.2 (54, 10)

ἆρα: οὐδεὶς ἆρα ἀδίκως ἠτίμωται 'Αθήνησιν, III.12 (55, 24)

ἀργύριον: ἀξιοῖ γοῦν ἀργύριον λαμβάνειν ὁ δῆμος I.13 (49,
11); ἥν τις ἀργύριον ἔχων προσίῃ πρὸς βουλὴν ἢ δῆμον,
III.3 (54, 12); εἰ πλείους ἔτι ἐδίδοσαν ἀργύριον· III.
3 (54, 15); οὐδ' εἰ ὁποσονοῦν χρυσίον καὶ ἀργύριον
διδοίη τις αὐτοῖς. III.3 (54, 16)

ἀρέσκω: οὐδὲ ἀρέσκει οἵ γε τὰ συγκείμενα II.17 (53, 5)

ἀρετή: ἡ τοῦ χρηστοῦ ἀρετὴ καὶ σοφία καὶ κακόνοια. I.7
(48, 12); οὐ γὰρ νομίζουσι τὴν ἀρετὴν αὐτοῖς πρὸς τῷ
σφετέρῳ ἀγαθῷ πεφυκέναι, II.19 (53, 20)

ἄριστος: τοὺς δεξιωτάτους καὶ ἄνδρας ἀρίστους (sc. ἐὰν

14.

λέγειν). I.6 (48, 5); οἳ δὲ καὶ ἐν τούτῳ ἄριστα
βουλεύονται I.6 (48, 6)

ἀρκέω: καὶ νομίζουσι τὸ ὁπλιτικὸν ἀρκεῖν II.1 (50, 30)

ἀρκούντως: ἀρκούντως δὲ τοῦτο ἐξευρεῖν III.9 (55, 9)

ἀρνέομαι: ἀρνεῖσθαι τοῖς ἄλλοις ὅτι οὐ παρῆν II.17 (53, 5)

ἄρτι: πλὴν ὅπερ ἄρτι εἶπον III.9 (55, 10)

ἀρχή: ὀλίγιστον χρόνον ἡ ἀρχὴ ἔσται τοῦ δήμου τοῦ Ἀθήν-
ησι, I.14 (49, 18); ὁπόσαι δ᾽ εἰσὶν ἀρχαὶ μισθοφορίας
ἕνεκα καὶ ὠφελείας εἰς τὸν οἶκον, I.3 (47, 20); ἐπειδὴ
οὖν ἐξ ἀρχῆς οὐκ ἔτυχον οἰκήσαντες νῆσον, II.16 (52,
30); δοκεῖ δίκαιον εἶναι πᾶσι τῶν ἀρχῶν μετεῖναι ἔν τε
τῷ κλήρῳ καὶ τῇ χειροτονίᾳ I.2 (47, 13); ἔπειτα ὁπόσαι
μὲν σωτηρίαν φέρουσι τῶν ἀρχῶν χρησταὶ οὖσαι καὶ μὴ
χρησταὶ κίνδυνον τῷ δήμῳ ἅπαντι, I.3 (47, 15); τούτων
μὲν τῶν ἀρχῶν οὐδὲν δεῖται ὁ δῆμος μετεῖναι I.3 (47,
16); πιστεύοντες τῇ ἀρχῇ τῇ κατὰ θάλατταν, II.16 (52,
32); διὰ τὴν ἀρχὴν τῆς θαλάττης II.7 (51, 22) = II.7
(51, 26); γιγνώσκει γὰρ ὁ δῆμος ὅτι πλείω ὠφελεῖται
ἐν τῷ μὴ αὐτὸς ἄρχειν ταύτας τὰς ἀρχάς, I.3 (47, 19);
καὶ διὰ τὰς ἀρχὰς τὰς εἰς τὴν ὑπερορίαν I.19 (50,
20); ἀρχὰς δοκιμάσαι καὶ διαδικάσαι III.4 (54, 21);
ὅπου ὁ δῆμός ἐστιν ὁ ἄρχων τὰς ἀρχάς; III.13 (55,
29)

ἄρχω: αἱ μὲν μέγαλαι διὰ δέος ἄρχονται, II.3 (51, 4);

γιγνώσκοντες γὰρ ὁ δῆμος ὅτι πλείω ὠφελεῖται ἐν τῷ

μὴ αὐτὸς ἄρχειν ταύτας τὰς ἀρχάς, I.3 (47, 19);

ἀλλ᾿ ἐὰν τοὺς δυνατωτάτους ἄρχειν· I.3 (47, 20);

ταύτας ζητεῖ ὁ δῆμος ἄρχειν. I.5 (47, 21); ἐλεύθερος

εἶναι καὶ ἄρχειν. I.8 (48, 16); ἐκ δὲ τοῦ μὴ δικ-

αιῶς ἄρχειν III.13 (55, 30); ἕως τῆς θαλάττης ἦρχον,

II.14 (52, 20); ὅπου ὁ δῆμός ἐστιν ὁ ἄρχων τὰς

ἀρχάς; III.13 (55, 29); ἐὰν μὴ ὑπήκοος ᾖ τῶν ἀρχόν-

των τῆς θαλάττης. II.3 (51, 6); τοῖς ἄρχουσι τῆς θαλ-

άττης οἷόν τ᾿ ἐστὶ ποιεῖν, II.4 (51, 7); τοῖς μὲν

κατὰ θάλατταν ἄρχουσιν οἷόν τ᾿ ἀποπλεῦσαι II.5 (51,

7); ὥστε ἐκ τῆς εὐθυνούσης (sc. γῆς) ἀφικνεῖται τοῖς

τῆς θαλάττης ἄρχουσιν. II.6 (51, 21); ὥστε ἔξεστιν

ἐνταῦθα ἐφορμοῦσι τοῖς τῆς θαλάττης ἄρχουσι λωβᾶσθαι

τοὺς τὴν ἤπειρον οἰκοῦντας. II.13 (52, 17); μισεῖσθαι

μὲν ἀνάγκη τὸν ἄρχοντα ὑπὸ τοῦ ἀρχομένου, I.14 (49,

17); ἐὰν μὴ πείσῃ τοὺς ἄρχοντας τῆς θαλάττης; II.11

(52, 5) = II.11 (52, 6); ὁπόσαι δ᾿ ἐν τῇ ἠπείρῳ εἰσὶ

πόλεις ὑπὸ τῶν Ἀθηναίων ἀρχόμεναι, II.3 (51, 4);

τοῖς μὲν κατὰ γῆν ἀρχομένοις οἷόν τ᾿ ἐστὶν ἐκ μικρῶν

πολέων συνοικισθέντας ἀθρόους μάχεσθαι· II.2 (50,

32); τοῖς δὲ κατὰ θάλατταν ἀρχομένοις, II.2 (50, 33)

ἀσεβέω: ἐάν τι ἀσεβήσωσι. III.5 (54, 25)

ἄσσα: ἄσσα δ᾿ ἂν ὁ δῆμος συνθῆται, II.17 (53, 5)

ἀστός: καὶ τοῖς μετοίκοις πρὸς τοὺς ἀστούς (sc. ἰσηγορία)
I.12 (49, 3)

ἀστρατεία: διὰ χρόνου <δὲ> διαδικάσαι δεῖ ἀστρατείας III.5
(54, 24)

ἀταξία: ἐν δὲ τῷ δήμῳ ἀμαθία τε πλείστη καὶ ἀταξία καὶ πον-
ηρία· I.5 (48, 2)

ἄτε: ἄτε ἀχθόμενοι 'Αθηναίους I.16 (50, 4); ἄτε ἐν παντὶ
τῷ βίῳ προμεμελετηκότες. I.20 (50, 26); ὁ δὲ δῆμος,
ἄτε εὖ εἰδὼς II.14 (52, 22)

ἀτιμάω: τοὺς μὲν χρηστοὺς ἀτιμοῦσι (ἀτιμῶσι v.1.) I.14 (49,
19); οὐδεὶς ἄρα ἀδίκως ἠτίμωται 'Αθήνησιν, III.12
(55, 24); ἐγὼ δὲ φημί τινας εἶναι οἳ ἀδίκως ἠτίμωνται,
III.12 (55, 25); εἴ τινες δικαίως ἠτίμωνται, III.12
(55, 27); ἂν τοὺς πολλοὺς ἠστιμῶσθαι 'Αθήνησιν, III.13
(55, 29)

ἄτιμος: ἐκ τοιούτων ἄτιμοί εἰσιν 'Αθήνησι. III.13 (55, 31);
χρὴ...μὴ νομίζειν εἶναί τι δεινὸν ἀπὸ τῶν ἀτίμων
'Αθήνησιν. III.13 (55, 32)

'Αττικός: τὴν δὲ 'Αττικὴν γῆν περιορῶσι τεμνομένην, II.16
(52, 32)

αὖ: τῶν δούλων δ' αὖ καὶ τῶν μετοίκων I.10 (48, 23); ἐν
ταῖς χορηγίαις αὖ καὶ γυμνασιαρχίαις I.13 (49, 8);
μηδ' αὖ στασιάσαι τῷ δήμῳ μηδένα, II.15 (52, 27);

17.

κωμῳδεῖν δ' αὖ καὶ κακῶς λέγειν II.18 (53, 10); εἰ
δ' αὖ ὁμολογεῖν δεῖ III.6 (54, 29)

αὔξω: οἱ μὲν γὰρ πένητες καὶ οἱ δημοτικοὶ καὶ οἱ χείρους
εὖ πράττοντες καὶ πολλοὶ οἱ τοιοῦτοι γιγνόμενοι τὴν
δημοκρατίαν αὔξουσιν· I.4 (47, 25); τοὺς δὲ πονηροὺς
αὔξουσιν I.14 (49, 20)

αὐτόθι: ὅτι δίκαιοι αὐτόθι καὶ οἱ πένητες καὶ ὁ δῆμος πλέον
ἔχειν τῶν γενναίων καὶ τῶν πλουσίων I.2 (47, 7); καὶ
οὔτε πατάξαι ἔξεστιν αὐτόθι I.10 (48, 24); ἐσθῆτά τε
γὰρ οὐδὲν βελτίων ὁ δῆμος αὐτόθι I.10 (48, 28);   ἐῶσι
τοὺς δούλους τρυφᾶν αὐτόθι I.11 (48, 30); τοθς δὲ
γυμναζομένους αὐτόθι I.13 (49, 6); ἐνίοτε οὐκ ἔστιν
αὐτόθι χρηματίσαι III.1 (53, 32); εἰπάτω γάρ τις ὅ
τι οὐ χρῆν αὐτόθι διαδικάζεσθαι. III.6 (54, 29)

αὐτός: γιγνώσκει γὰρ ὁ δῆμος ὅτι πλείω ὠφελεῖται ἐν τῷ μὴ
αὐτὸς ἄρχειν ταύτας τὰς ἀρχάς, I.3 (47, 19); ὁ γὰρ
δῆμος βούλεται οὐκ, εὐνομουμένης τῆς πόλεως, αὐτὸς
δουλεύειν, I.8 (48, 15); αὐτὸς ἀπὸ τούτου ἰσχύει ὁ
δῆμος I.8 (48, 17); ἵνα αὐτός τε ἔχῃ I.13 (49. 12);
ὁ δὲ δῆμος αὐτὸς αὑτῷ οἰκοδομεῖται ἰδίᾳ παλαίστρας
πολλάς, II.10 (51, 35); αὐτοί τε καὶ οἱ ἀκόλουθοι·
I.19 (50, 21); ἵνα μὴ αὐτοὶ ἀκούωσι κακῶς· II.18 (53,
11); οὐδὲ χαλκὸς καὶ σίδηρος ἐκ τῆς αὐτῆς πόλεως II.
12 (52, 13); τούτους ἂν σφῶν αὐτῶν ἀπώλλυσαν I.16
(50, 5); ἀποπλεῦσαι ἀπὸ τῆς σφετέρας αὐτῶν II.5

(51, 12); οὐχ οἶόν τε ἀπὸ τῆς σφετέρας αὐτῶν ἀπελθεῖν

II.5 (51, 13); ἐξ αὐτῶν μέντοι τούτων καὶ δὴ νῆές μοί

εἰσι, II.11 (52, 7); τῆς δὲ κακονομίας αὐτῷ ὀλίγον

μέλει. I.8 (48, 16); ἔξεστιν αὐτῷ...ἀρνεῖσθαι τοῖς

ἄλλοις II.17 (53, 4); αὐτῷ τῷ δήμῳ II.20 (53, 23);

ταῦτα τοίνυν οὐκ ἔσται αὐτῇ II.3 (51, 6); οὐδ᾽ ἐστὶ

τῇ αὐτῇ ξύλα καὶ λίνον, II.12 (52, 12); ἐν αὐτῷ

τούτῳ φανοῦνται τὴν δημοκρατίαν διασῴζοντες. I.4 (47,

23); ἐπεὶ δὲ ταῦτα ἔδοξεν οὕτως αὐτοῖς, I.1 (47, 4);

ἰσχυρὸν τὸ ἐναντίον σφίσιν αὐτοῖς καθιστᾶσιν οἱ δημο-

τικοί. I.4 (47, 26); τοῖς ὁμοίοις σφίσιν αὐτοῖς ἦν

ἀγαθά, I.6 (48, 7); πρῶτα μὲν ὄψει τοὺς δεξιωτάτους

αὐτοῖς τοὺς νόμους τιθέντας. I.9 (48, 18); οὐ τοῦ

δικαίου αὐτοῖς μᾶλλον μέλει I.13 (49, 14); τὸ δὲ

ὁπλιτικὸν αὐτοῖς...οὕτω καθέστηκεν II.1 (50, 27);

κατὰ τύχην τε αὐτοῖς τοιοῦτον κατέστηκε· II.2 (50,

31); ὑπῆρχεν ἂν αὐτοῖς ποιεῖν μὲν κακῶς, II.14 (52,

19); καὶ ταῦτα ἂν ἀδεῶς εἶχεν αὐτοῖς. II.15 (52, 30);

σφίσιν αὐτοῖς τὴν αἰτίαν ἀνατιθέασι. II.17 (53, 9);

τοὺς μὲν σφίσιν αὐτοῖς ἐπιτηδείους καὶ συμφόρους φιλ-

οῦσι, II.19 (53, 18); οὐ γὰρ νομίζουσι τὴν ἀρετὴν

αὐτοῖς πρὸς τῷ σφετέρῳ ἀγαθῷ πεφυκέναι, II.19 (52,

20); ἐπειδήπερ ἔδοξεν αὐτοῖς δημοκρατεῖσθαι, III.1

(53, 28); οὐδ᾽ εἰ ὁποσονοῦν χρυσίον καὶ ἀργύριον

διδοίη τις αὐτοῖς. III.3 (54, 17); ἠροῦντ᾽ ἂν οὐχὶ

τοὺς ταὐτὰ γιγνώσκοντας σφίσιν αὐτοῖς· III.10 (55,

15); τὰ σφίσιν αὐτοῖς προσήκοντα III.10 (55, 18);

οὐ συνήνεγκεν αὐτοῖς· III.11 (55, 19); καὶ αὐτὸν καὶ
τὸν οἰκέτην I.19 (50, 22); εἰ αὐτὴν ἐλεήσουσιν II.16
(52, 33); συνάρασθαι εἰς τὸ αὐτὸ τὰς πόλεις· II.2
(50, 34); εἰ δ' οἷόν τε καὶ λαθεῖν συνελθοῦσιν εἰς
ταὐτὸ τοῖς νησιώταις II.2 (51, 2); ἥ τε γὰρ πενία
αὐτοὺς μᾶλλον ἄγει ἐπὶ τὰ αἰσχρά, I.5 (48, 2); ὡς
ἐχρῆν αὐτοὺς μὴ ἐᾶν λέγειν ἐξ ἴσης I.6 (48, 4); καὶ
τῶν μὲν πολεμίων ἥττους τε σφᾶς αὐτοὺς ἡγοῦνται εἶναι
II.1 (50, 28); ἀδεῶς ζῇ καὶ οὐχ ὑπερχόμενος αὐτούς.
II.14 (52, 24); ᾐροῦντ' ἂν οὐχὶ τοὺς ταὐτὰ γιγνώσκ-
οντες σφίσιν αὐτοῖς· III.10 (55, 15)

αὐτός: ἢ ἐπὶ ἥττους αὐτοῦ. II.6 (51, 17); ἐξευρίσκει τὸ
ἀγαθὸν αὐτῷ τε καὶ τοῖς ὁμοίοις αὐτῷ. I.6 (48, 9);
τί ἂν οὖν γνοίη ἀγαθὸν αὐτῷ ἢ τῷ δήμῳ (;) I.7 (48,
10); ὁ δὲ δῆμος αὐτὸς αὐτῷ οἰκοδομεῖται ἰδίᾳ παλ-
αίστρας πολλάς, II.10 (51, 35); αἰτιᾶται ὁ δῆμος ὡς
ὀλίγοι ἄνθρωποι αὐτῷ διαπράττοντες διέφθειραν· II.17
(53, 9); οὐ τοῦ δικαίου αὐτοῖς μᾶλλον μέλει ἢ τοῦ
αὐτοῖς συμφόρου. I.13 (49, 14); αὐτὸν μὲν γὰρ εὖ
ποιεῖν παντὶ συγγνώμη ἐστίν· II.20 (53, 23)

ἀφαιρέω: καὶ χρήματα ἀφαιροῦνται I.14 (49, 20); ὥστε μὴ
οὐχὶ τῆς δημοκρατίας ἀφαιρεῖν τι. III.8 (55, 7); τὸ
μὲν ἀφελεῖν τὸ δὲ προσθεῖναι, III.8 (55, 6); κατὰ
μικρόν τι προσθέντα ἢ ἀφελόντα. III.9 (55, 11)

ἀφικνέομαι: ὥστε ἐκ τῆς εὐθενούσης (sc. γῆς) ἀφικνεῖται

20.

τοὺς τῆς θαλάττης ἄρχουσιν. ΙΙ.6 (51, 20); ἕως ἂν
ἐπί φιλίαν χώραν ἀφίκηται ΙΙ.5 (51, 17); δεῖ μὲν
ἀφικόμενον ᾿Αθήναζε δίκην δοῦναι καί λαβεῖν Ι.18
(50, 14)

ἀφίστημι: ἐντὸς ὀλόγου χρόνου ἀποστάντες ΙΙΙ.11 (55, 21)

ἄχθομαι: ὥστε οὐδὲ τοὺς τοιούτους ἄχθονται κωμῳδουμένους.
ΙΙ.18 (53, 16); ἄτε ἀχθόμενοι ᾿Αθηναίοις Ι.16 (50,
4)

B

βάρβαρος: 'Αθηναῖοι δὲ κεκραμένῃ ἐξ ἁπάντων τῶν 'Ελλήνων
   καὶ βαρβάρων (sc. χρῶνται): II.8 (51, 29); Τὸν δὲ
   πλοῦτον μόνον οἷοί τ' εἰσὶν ἔχειν τῶν 'Ελλήνων καὶ
   τῶν βαρβάρων. II.11 (52, 4)

βελτίων: ἐσθῆτά τε γὰρ οὐδὲν βελτίων ὁ δῆμος αὐτόθι I.
   10 (48, 28); καὶ τὰ εἴδη οὐδὲν βελτίους εἰσίν. I.
   10 (48, 29); ὥστε μὲν γὰρ βέλτιον ἔχειν τὴν πολιτείαν,
   III.9 (55, 8); ὅπως δὴ βέλτιον πολιτεύσονται, III.9
   (55, 10); εἰ μὲν γὰρ ᾑροῦντο τοὺς βελτίους, III.10
   (55, 14); εἴη μὲν οὖν ἂν πόλις οὐκ ἀπὸ τοιούτων δι-
   αιτημάτων ἡ βελτίστη, I.8 (48, 13); ἔστι δὲ πάσῃ γῇ
   τὸ βέλτιστον ἐναντίον τῇ δημοκρατίᾳ· I.5 (47, 27);
   ἐν οὐδεμίᾳ γὰρ πόλει τὸ βέλτιστον εὔνουν ἐστὶ τῷ δήμῳ,
   III.10 (51, 15); ἐν γὰρ τοῖς βελτίστοις ἔνι ἀκολασία
   τε ὀλιγίστη καὶ ἀδικία, I.5 (47, 28); γιγνώσκοντες
   ὅτι σφίσιν ἀγαθόν ἐστι τοὺς βελτίστους σῴζειν I.14
   (49, 22); ὁπόσακις δ' ἐπεχείρησαν αἱρεῖσθαι τοὺς
   βελτίστους, III.11 (55, 19); τοῦτο δὲ ὅτε Μιλησίων
   εἵλοντο τοὺς βελτίστους, III.11 (55, 21)

βίος: ἅτε ἐν παντὶ τῷ βίῳ προμεμελητηκότες. I.20 (50, 26)

Βοιωτός: ἀλλ' ἐντὸς ὀλίγου χρόνου ὁ δῆμος ἐδούλευσεν ὁ ἐν
   Βοιωτοῖς. III.11 (55, 20)

22.

βουλεύω: οἳ δε καὶ ἐν τούτῳ ἄριστα βουλεύονται I.6 (48,

6); ὡς ἐχρῆν αὐτοὺς μὴ ἐᾶν λέγειν πάντας ἐξ ἴσης μηδὲ

βουλεύειν, I.6 (48, 5); καὶ οὐκ ἐάσουσι μαινομένους

ἀνθρώπους βουλεύειν I. ? (48, 21); Δοκεῖ δὲ ὁ δῆμος

...καὶ ἐν τῷδε κακῶς βουλεύεσθαι, I.16 (49, 27);

τὴν δὲ βουλὴν βουλεύεσθαι, III.2 (54, 7); Δοκοῦσι δὲ

Ἀθηναῖοι καὶ τοῦτό μοι οὐκ ὀρθῶς βουλεύεσθαι III.10

(55, 12); καὶ βουλεύσουσιν οἱ χρηστοὶ περὶ τῆς πόλεως

I.9 (48, 19); εἰ μὲν γὰρ οἱ χρηστοὶ ἔλεγον καὶ ἐβουλ-

εύοντο, I.6 (48, 7); ἀπὸ ὦν ὁ δῆμος ἐβούλευσεν, II.

17 (53, 8)

βουλή: ἐνίοτε οὐκ ἔστιν αὐτόθι χρηματίσαι τῇ βουλῇ οὐδὲ τῷ

δήμῳ ἐνιαυτὸν καθημένῳ ἀνθρώπῳ· III.1 (53, 32); τὴν δὲ

βουλὴν βουλεύεσθαι III.2 (54, 7)

βούλομαι: ἀποπλεῦσαι...ὁπόσον βούλει πλοῦν, II.5 (51, 12);

ὁ γὰρ δῆμος βούλεται, οὐκ εὐνομουμένης τῆς πόλεως, αὐτὸς

δουλεύειν, I.8 (48, 14); εἴ τίς τινα βούλεται (sc.

κωμῳδεῖν), II.18 (53, 12); ὅσα ἂν μὴ βούλωνται. II.

17 (53, 7); νῦν δὲ λέγων ὁ βουλόμενος ἀναστὰς I.6

(48, 8); καὶ τούτων τοῖς βουλομένοις διαδικάσαι ὅσα

ἔτη· III.4 (54, 21); καὶ λέγειν ἐξεῖναι τῷ βουλομένῳ

τῶν πολιτῶν I.2 (47, 14); ὑπῆρχεν ἂν αὐτοῖς ποιεῖν

μὲν κακῶς, εἰ ἠβούλοντο (ἐβούλοντο v.l.), II.14 (52,

19)

βραδύς: βραδεῖαί τε γὰρ αἱ πορεῖαι II.5 (51, 14)

23.

Γ

γάρ: γιγνώσκει γάρ ὁ δῆμος I.3 (47, 18); οἱ μὲν γάρ πέν-
ητες I.4 (47, 24); ἐν γάρ τοῖς βελτίστοις I.5 (47,
28); ἥ τε γάρ πενία I.5 (48, 2); εἰ μὲν γάρ οἱ
χρηστοὶ ἔλεγον I.6 (48, 6); ὁ γάρ δῆμος βούλεται I
8 (48, 14); ὃ γάρ σὺ νομίζεις I.6 (48, 16); ἐσθῆτά
τε γάρ οὐδὲν βελτίων I.10 (48, 28); ὅπου γάρ ναυτικὴ
δύναμίς ἐστιν, I.11 (48, 31); πρῶτον μὲν γάρ I.17
(50, 7); ἀνάγκη γάρ I.19 (50, 21); ἡ γάρ θάλαττα
ἐν τῷ μέσῳ, II.2 (51, 1); οὐ γάρ ἔστι πόλις οὐδεμία
II.3 (51, 5); παραπλεῖν γάρ ἔξεστιν II.4 (51, 9);
βραδεῖαί τε γάρ αἱ πορεῖαι II.5 (51, 14); οὐ γάρ ἅμα
πᾶσα γῆ νοσεῖ, II.6 (51, 19); εἰ γάρ τις πόλις πλουτ-
εῖ II.11 (52, 4); εἰ γάρ νῆσον οἰκοῦντες θαλασσοκράτ-
ορες ἦσαν 'Αθηναῖοι, II.14 (52, 18); πῶς γάρ νῆσον
οἰκούντων ταῦτ' ἂν ἐγίγνετο; II.15 (52, 26); νῦν μὲν
γάρ εἰ στασιάσαιεν, II.15 (52, 28); οὐ γάρ νομίζουσι
II.19 (53, 20); αὐτὸν μὲν γάρ εὖ ποιεῖν II.20 (53,
23); πῶς γάρ ἂν καὶ οἷοί τε εἶεν, III.2 (54, 3); εἰ-
πάτω γάρ τις III.6 (54, 28); ὥστε μὲν γάρ βέλτιον
ἔχειν III.9 (55, 8); εἰ μὲν γάρ ᾑροῦντο τοὺς βελτ-
ίους, III.10 (55, 14); ἐν οὐδεμίᾳ γάρ πόλει III.10
(55, 15); οἱ γάρ ὅμοιοι τοῖς ὁμοίοις εὔνοοί εἰσι·
III.10 (55, 17)

γε - γίγνομαι

γε: οὐδὲ ἀρέσκει οἵ γε τὰ συγκείμενα II.17 (53, 5); καὶ
   τοὐναντίον γε τούτου II.19 (53, 21)

γενναῖος: ἀλλ' ἢ πλούσιος ἢ γενναῖος ἢ δυνάμενος (sc. ἐστί)
   II.18 (53, 13); πολὺ μᾶλλον ἢ οἱ ὁπλῖται καὶ οἱ γεν-
   ναῖοι καὶ οἱ χρηστοί. I.2 (47, 12); ὅτι δίκαιοι αὐτ-
   όθι καὶ οἱ πένητες καὶ ὁ δῆμος πλέον ἔχειν τῶν γενναίων
   καὶ τῶν πλουσίων I.2 (47, 8)

γεωργέω: νῦν δὲ οἱ γεωργοῦντες καὶ οἱ πλούσιοι Ἀθηναίων
   ὑπέρχονται τοὺς πολεμίους μᾶλλον, II.14 (52, 21)

γῆ: οὐ γὰρ ἅμα πᾶσα γῆ νοσεῖ, II.6 (51, 20); τοῖς ἄρχ-
   ουσι τῆς θαλάττης οἷόν τ' ἐστὶ ποιεῖν, ἅπερ τοῖς τῆς
   γῆς ἐνίοτε, II.4 (51, 8); ταύτης τῆς γῆς, II.5 (51,
   16); ἐκ τῆς γῆς πάντα ταῦτα ἔχω διὰ τὴν θάλατταν, II.
   12 (52, 11); ἔστι δὲ πάσῃ γῇ τὸ βέλτιστον ἐναντίον τῇ
   δημοκρατίᾳ· I.5 (47, 27); καὶ κατὰ γῆν κρατιστοί
   εἰσι, II.1 (50, 29); τοῖς μὲν κατὰ γῆν ἀρχομένοις
   II.2 (50, 31); τέμνων τὴν γῆν τῶν κρειττόνων· II.4
   (51, 8); τοῖς δὲ κατὰ γῆν (sc. ἄρχουσι) II.5 (51, 13);
   οἱ μὲν κατὰ γῆν κράτιστοι II.6 (51, 18); μηδὲ τμηθῆ-
   ναι τὴν ἑαυτῶν γῆν II.14 (52, 21); ὡς κατὰ γῆν ἐπαξ-
   όμενοι· II.15 (52, 29); τὴν δὲ Ἀττικὴν γῆν περιορῶσι
   τεμνομένην, II.16 (52, 32)

γίγνομαι: καὶ τοῦτο Ἀθήνησι γίγνεται III.1 (54, 1); τοῦτο
   δὲ γίγνεται ὡς τὰ πολλὰ δι' ἔτους πέμπτου III.5 (54, 27);

25.

καὶ κυβερνῆται ἀγαθοὶ γίγνονται δι' ἐμπειρίαν I.20
(50, 23); καὶ ἐάν τι ἄλλο ἐξαπιναῖον ἀδίκημα γίγνηται,
III.5 (54, 24); (sc. ἵνα) οἱ πλούσιοι πενέστεροι γιγ-
νονται· I.13 (49, 13); καὶ πολλοὶ οἱ τοιοῦτοι γιγνό-
μενοι τὴν δημοκρατίαν αὔξουσιν· I.4 (47, 25); περὶ
τῶν κατὰ πόλιν ἀεὶ γιγνομένων, III.2 (54, 9); πῶς γὰρ
νῆσον οἰκούντων ταῦτ' ἂν ἐγίγνετο; II.15 (52, 27)

γιγνώσκω: γιγνώσκει γὰρ ὁ δῆμος ὅτι πλείω ὠφελεῖται ἐν τῷ
μὴ αὐτὸς ἄρχειν ταύτας τὰς ἀρχάς, I.3 (47, 18); οἳ δὲ
γιγνώσκουσιν ὅτι ἡ τούτου ἀμαθία καὶ πονηρία καὶ εὔνοια
μᾶλλον λυσιτελεῖ I.7 (48, 11); γιγνώσκουσιν ὅτι χορ-
ηγοῦσι μὲν οἱ πλούσιοι, χορηγεῖται δὲ ὁ δῆμος, I.13
(49, 4); γιγνώσκειν οἵτινες χρηστοί εἰσι τῶν πολιτῶν
καὶ οἵτινες πονηροί, II.19 (53,17); γιγνώσκων ὅτι
δεῖ μὲν ἀφικόμενον Ἀθήναζε δίκην δοῦναι καὶ λαβεῖν
I.18 (50, 14); γιγνώσκοντες ὅτι μισεῖσθαι μὲν ἀνάγκη
τὸν ἄρχοντα ὑπὸ τοῦ ἀρχομένου, I.14 (49, 16); γιγνώ-
σκοντες ὅτι σωίσιν ἀγαθόν ἐστι τοὺς βελτίστους σῴζειν
I.14 (49, 22); γιγνώσκοντες ὅτι εἰ αὐτὴν ἐλεήσουσιν
ἑτέρων ἀγαθῶν μειζόνων στερήσονται. II.16 (52, 33);
γιγνώσκοντες δὲ II.19 (53, 18); ἠροῦντ' ἂν οὐχὶ τοὺς
ταῦτὰ γιγνώσκοντας σφίσιν αὐτοῖς· III.10 (55, 15);
τί ἂν οὖν γνοίη ἀγαθὸν αὐτῷ ἢ τῷ δήμῳ (;) I.7 (48, 10);
ἔγνω ὅτι μᾶλλον οἷόν τε διαλαθεῖν κακῷ ὄντι II.20 (53,
25); +...γνοὺς ὅτι οὐ+ δυνατὰ ταῦτά ἐστι ἐπιτηδεύειν.

26.

I.13 (49, 7); γνοὺς ὀ δῆμος ὅτι οὐχ οἷόν τέ ἐστιν
ἑκάστῳ τῶν πενήτων θύειν II.9 (51, 30)

γνώμη: καὶ τοῦτο γνώμη φανεῖεν ἄν ποιοῦντες. I.11 (48, 31);
οἳ δὲ τοῦτο γνώμη ποιοῦσιν· III.10 (55, 14)

γοῦν: ἀξιοῖ γοῦν ἀργύριον λαμβάνειν ὀ δῆμος I.13 (49, 11)

γραφή: ἔπειτα δὲ δίκας καὶ γραφὰς καὶ εὐθύνας ἐκδικάζειν
III.2 (54, 5)

γυμνάζω: τοὺς δὲ γυμναζομένους αὐτόθι...καταλέλυκεν ὀ δῆμος
I.13 (49, 6)

γυμνασιαρχέω: καὶ γυμνασιαρχοῦσιν οἱ πλούσιοι, I.13 (49,
10); ὀ δὲ δῆμος τριηαρχεῖται καὶ γυμνασιαρχεῖται. I.13
(49, 11)

γυμνασιαρχία: ἐν ταῖς χορηγίαις αὖ καὶ γυμνασιαρχίαις καὶ
τριηραρχίαις I.13 (49, 8)

γυμνάσιον: καὶ γυμνάσια καὶ λουτρὰ καὶ ἀποδυτήρια τοῖς μὲν
πλουσίοις ἐστὶν ἰδίᾳ ἐνίοις, II.10 (51, 34)

Δ

δέ: Περὶ δὲ τῆς 'Αθηναίων πολιτείας I.1 (47, 1); ἐπεὶ
δὲ ταῦτα ἔδοξεν οὕτως αὐτοῖς, I.1 (47, 4); ὁπόσαι δ'
εἰσὶν ἀρχαὶ I.3 (47, 20); ἔπειτα δὲ I.4 (47, 21);
ἐὰν δὲ εὖ πράττωσιν I.4 (47, 25); ἔστε δὲ πάσῃ γῇ I.
5 (47, 27); ἀκρίβεια δὲ πλείστη I.5 (48, 1); ἐν δὲ τῷ
δήμῳ I.4 (48, 1); εἴποι δ' ἄν τις I.6 (48, 4); οἳ δὲ
καὶ ἐν τούτῳ ἄριστα βουλεύονται I.6 (48, 5); τοῖς δὲ
δημοτικοῖς I.5 (48, 8) = I.15 (49, 24); νῦν δὲ λέγων
I.6 (48, 8); οἳ δὲ γιγνώσκουσιν I.7 (48, 11); τῆς δὲ
κακονομίας I.8 (48, 16); εἰ δ' εὐνομίαν ζητεῖς, I.9
(48, 18); τῶν δούλων δ' αὖ I.10 (48, 23); οὗ δ' ἕνεκέν
I.10 (48, 25); εἰ δέ τις καὶ τοῦτο θαυμάζει I.11 (48,
29); ὅπου δ' εἰσὶ πλούσιοι δοῦλοι I.11 (48, 33); ἐν δὲ
τῇ Λακεδαίμονι I.11 (48, 34); ἐὰν δὲ δεδίῃ I.11 (48,
35); τοὺς δὲ γυμναζομένους I.13 (49, 6); χορηγεῖται δὲ
ὁ δῆμος I.11 (49, 10); ὁ δὲ δῆμος I.13 (49, 10) = II.9
(51, 35) = I.14 (52,22); περὶ δὲ τῶν συμμάχων I.14 (49,
15); εἰ δὲ ἰσχύσουσιν I.14 (49, 17); τοὺς δὲ πονηροὺς
I.14 (49, 20); οἱ δὲ χρηστοὶ I.14 (49, 21); εἴποι δέ
τις ἄν I.15 (49, 23); ἐκείνους δὲ ὅσον ζῆν, I.15 (49,
26); Δοκεῖ δὲ ὁ δῆμος I.16 (49, 27); οἳ δὲ ἀντιλογ-
ίζονται I.16 (49, 28); τοὺς δ' ἐναντίους ἀπολλύ-
ουσιν I.16 (50, 3); εἰ δὲ οἴκοι εἶχον I.16 (50, 4);

πρὸς δὲ τούτοις I.17 (50, 6) = I.18 (50, 10) = I.

19 (50, 19) = II.12 (52, 9) = II.15 (52, 24) = III.

4 (54, 21) = III.8 (55, 1); νῦν δ' ἠνάγκασται I.18

(50, 13); ἐμελέτησαν δὲ οἱ μὲν πλοῖον κυβερνῶντες,

I.20 (50, 24); οἳ μὲν πλοῖον κυβερνῶντες, οἳ δὲ ὁλ-

κάδα I.20 (50, 24); οἳ δ' ἐντεῦθεν ἐπὶ τριήρεσι

καθέστησαν· I.20 (50, 25); οἱ δὲ πολλοί I.20 (50,

25); τὸ δὲ ὁπλιτικὸν II.1 (50, 27); τῶν δὲ συμμάχων

II.1 (50, 29); πρὸς δὲ II.2 (50, 31); τοῖς δὲ κατὰ

θάλατταν ἀρχομένοις, II.2 (50, 33); οἱ δὲ κρατοῦντες

II.2 (51, 1); εἰ δ' οἷόν τε λαθεῖν II.2 (51, 2);

ὁπόσαι δ' ἐν τῇ ἠπείρῳ εἰσὶ πόλεις II.3 (51, 3); αἱ

δὲ μικραὶ II.3 (51, 4); ἔπειτα δὲ II.4 (51, 7) =

II.5 (51, 11); ἐὰν δὲ προσίωσιν, II.4 (51, 10); τοῖς

δὲ κατὰ γῆν II.5 (51, 12); τὸν δὲ πλέοντα, II.5 (51,

16); οἱ δὲ κατὰ θάλατταν (sc. κράτιστοι) II.6 (51,

19); Εἰ δὲ δεῖ καὶ σμικροτέρων μνησθῆναι, II.7 (51,

22); θυσίας δὲ καὶ ἱερὰ II.9 (51, 30); ἐξελέξαντο

τοῦτο μὲν ἐκ τῆς, τοῦτο δὲ ἐκ τῆς· II.8 (51, 27);

Ἀθηναῖοι δὲ κεκραμένῃ (sc. χρῶνται) II.8 (51, 29);

ἔστι δὲ ὁ δῆμος II.9 (51, 33); τὸν δὲ πλοῦτον II.11 (52,

3); τί δ' εἴ τις...πλουτεῖ πόλις (;) II.11 (52, 3);

παρὰ δὲ τοῦ σίδηρος, II.11 (52, 8); παρὰ δὲ τοῦ χαλ-

κός, II.11 (52, 8); παρὰ δὲ τοῦ λίνου, II.11 (52, 8);

παρὰ δὲ τοῦ κήρος, II.11 (52, 9); ἄλλη δ' οὐδεμία πόλις

II.11 (52, 11); τὸ μὲν τῇ, τὸ δὲ τῇ. II.12 (52, 14);

δέ

"Ετι δὲ πρὸς τούτοις II.13 (52, 15); 'Ενὸς δὲ ἐνδεεῖς
εἰσιν· II.14 (52, 18); πάσχειν δὲ μηδέν, II.14 (52,
20); νῦν δὲ οἱ γεωργοῦντες...ὑπέρχονται II.14 (52,
21); εἰ δὲ νῆσον ᾤκουν, II.15 (52, 29); τὴν δὲ 'Αττικὴν
γῆν II.16 (52, 32); "Ετι δὲ II.17 (53, 1); ἢν δὲ μὴ ἐμ-
μένωσι ταῖς συνθήκαις II.17 (53, 2); ἅσσα δ' ἂν ὁ δῆμος
συνθῆται, II.17 (53, 31); ἐὰν δέ τι ἀγαθόν (sc. ἀνα-
βαίνῃ), II.17 (53, 9); κωμῳδεῖν δ' αὖ καὶ κακῶς λέγειν
II.18 (53, 10); ἰδίᾳ δὲ κελεύουσιν, II.18 (53, 11);
ὀλίγοι δέ τινες II.18 (53, 14); γιγνώσκοντες δὲ II.19
(53, 18); τοὺς δὲ χρηστοὺς II.19 (53, 19); δημοκρατίαν δὲ
ἐγὼ μὲν αὐτῷ τῷ δήμῳ συγγιγνώσκω II.20 (53, 23); ὅσ-
τις δὲ μὴ ὢν τοῦ δήμου II.20 (53, 24); "Ετι δὲ III.1
(53, 31); ἐν δὲ ταύταις III.2 (53, 4); ἔπειτα δὲ
δίκας καὶ γραφὰς καὶ εὐθύνας ἐκδικάζειν III.2 (54, 5);
τὴν δὲ βουλὴν III.2 (54, 7); πολλὰ δὲ περὶ πόρου
χρημάτων, III.2 (54, 7); πολλὰ δὲ περὶ νόμων θέσεως,
III.2 (54, 8); πολλὰ δὲ περὶ τῶν κατὰ πόλιν ἀεὶ γιγνο-
μένων, III.2 (54, 8); πολλὰ δὲ καὶ τοῖς συμμάχοις,
III.2 (54, 9); λέγουσι δέ τινες· III.2 (54, 12); ἐγὼ
δὲ τούτοις ὁμολογήσαιμ' ἂν III.3 (54, 13); πρὸς δὲ
τούτοις χορηγοῖς III.4 (54, 18); δεῖ δὲ καὶ τάδε δια-
δικάζειν, III.4 (54, 17); διὰ χρόνου<δὲ> διαδικάσαι III.5
(54, 23); τὸ δὲ μέγιστον εἴρηται III.5 (54, 26); τοῦτο δὲ
γίγνεται III.5 (54, 26); εἰ δ' αὖ ὁμολογεῖν δεῖ III.
6 (54, 29); ἐλάττους δὲ δικάζειν. III.7 (54, 32);

πολὺ ἧττον <δὲ> δικαίως δικάζειν, III.7 (55, 1);

τὸ μὲν ἀφελεῖν τὸ δὲ προσθεῖναι, III.8 (55, 6);

πολὺ δ' οὐχ οἷόν τε μετακινεῖν, III.8 (55, 7); ἀρκ-

οὕντως δὲ τοῦτο ἐξευρεῖν III.9 (55, 9); Δοκοῦσι δὲ

'Αθηναῖοι III.10 (55, 12); οἳ δὲ τοῦτο γνώμῃ ποι-

οῦσιν· III.10 (55, 13); ὁποσάκις δ' ἐπεχείρησαν III.

11 (55, 18); τοῦτο δὲ III.11 (55, 20) = II.11 (55,

22); 'Υπολάβοι δέ τις ἂν III.12 (55, 24); ἐγὼ δὲ

φημί III.12 (55, 25); ἐκ δὲ τοῦ μὴ δικαίως ἄρχειν

III.13 (55, 30)

δεῖ: δεῖ μὲν ἀφικόμενον 'Αθήναζε δίκην δοῦναι καὶ λαβεῖν

I.18 (50, 14); δεῖ διὰ φιλίας ἰέναι ἢ νικᾶν μαχόμενον

II.5 (51, 15); Εἰ δὲ δεῖ καὶ σμικροτέρων μνησθῆναι,

II.7 (51, 22); οὕστινας πρῶτον μὲν δεῖ ἑορτάσαι ἑορτὰς

III.2 (54, 3); δεῖ δὲ καὶ τάδε διαδικάζειν, III.4

(54, 17); διὰ χρόνου <δὲ> διαδικάσαι δεῖ ἀστρατείας

III.5 (54, 24); εἰ δ' αὖ ὁμολογεῖν δεῖ III.6 (54,

29); ἀλλ' οὐκ ὀλίγων δεῖ τῶν ἐπιθησομένων τῇ δημοκρατίᾳ

τῇ 'Αθήνησιν· III.12 (55, 26); οὐ δεῖ ἐνθυμεῖσθαι

ἀνθρώπους III.12 (55, 27)

δείδω: ὁ ἐμὸς δοῦλος σ' ἐδεδοίκει· I.11 (48, 35); ἐὰν δὲ

δεδίῃ ὁ σὸς δοῦλος ἐμέ, I.11 (48, 35); οὐκέτι ἐνταῦθα

λυσιτελεῖ τὸν ἐμὸν δοῦλον σὲ δεδιέναι· I.11 (48, 34)

δεινός: ταῦτα χρὴ λογιζόμενον μὴ νομίζειν εἶναί τι δεινὸν

III.13 (55, 32)

31.

δεξιός · δημοκρατία

δεξιός: τοὺς δεξιωτάτους καὶ ἄνδρας ἀρίστους (sc. ἐὰν λέγ-
ειν)· I.6 (48, 5); πρῶτα μὲν ὄψει τοὺς δεξιωτάτους
αὐτοῖς τοὺς νόμους τιθέντας· I.9 (48, 18)

δέομαι: τούτων μὲν τῶν ἀρχῶν οὐδὲν δεῖται ὁ δῆμος μετεῖναι
I.3 (47, 16); διότι δεῖται ἡ πόλις μετοίκων I.12 (49,
3); οὐ γὰρ ἔστι πόλις οὐδεμία ἥτις οὐ δεῖται εἰσάγ-
εσθαί τι ἢ ἐξάγεσθαι· II.3 (51, 5); πᾶσι διαπρᾶξαι ἡ
πόλις τῶν δεομένων οὐχ ἱκανή, III.3 (54, 16)

δέος: καὶ ἑτέρου δέους ἀπηλλαγμένοι ἂν ἦσαν II.15 (52, 24);
αἱ μὲν μέγαλαι διὰ δέος ἄρχονται, II.3 (51, 4)

δεσμότης: καὶ φύλακας δεσμωτῶν καταστῆσαι. III.4 (54, 22)

δέχομαι: καὶ φόρον δέξασθαι III.2 (54, 9)

δή: ὅς ἐστι δὴ νόμος 'Αθήνησι· I.18 (50, 15); ἐξ αὐτῶν
μέντοι τούτων καὶ δὴ νῆές μοί εἰσι II.11 (52, 7); ἆρα
δή τι θαυμαστόν ἐστιν III.2 (54, 10); φέρε δὴ τοίνυν,
III.6 (54, 27); φέρε δή, III.6 (54, 32); ὅπως δὴ
βέλτιον πολιτεύσονται, III.9 (53, 10)

δημοκρατέω: ἐπειδήπερ ἔδοξεν αὐτοῖς δημοκρατεῖσθαι, III.1
(53, 28); εἵλετο ἐν δημοκρατουμένῃ πόλει οἰκεῖν μᾶλλον
ἢ ἐν ὀλιγαρχουμένῃ, II.20 (53, 24); ἔγνω ὅτι μᾶλλον
οἷόν τε διαλαθεῖν κακῷ ὄντι ἐν δημοκρατουμένῃ πόλει
III.20 (53, 26)

δημοκρατία: ἀλλ᾽ ἡ δημοκρατία μάλιστ᾽ ἂν σῴζοιτο οὕτως. I.

9 (48, 14); ὥστε μὴ οὐχὶ τῆς δημοκρατίας ἀφαιρεῖν τι.
III.8 (55, 7); ἔστι δὲ πάσῃ γῇ τὸ βέλτιστον ἐναντίον
τῇ δημοκρατίᾳ· I.5 (47, 28); ἀλλ᾿ οὐκ ὀλίγων δεῖ τῶν
ἐπιθησομένων τῇ δημοκρατίᾳ τῇ ᾿Αθήνησιν· III.12 (55,
26); ἐν αὐτῷ τούτῳ φανοῦνται τὴν δημοκρατίαν διασῴζ-
οντες I.4 (47, 23); οἱ μὲν πένητες καὶ οἱ δημοτικοὶ
καὶ οἱ χείρους εὖ πράττοντες καὶ πολλοὶ οἱ τοιοῦτοι
γιγνόμενοι τὴν δημοκρατίαν αὔξουσιν· I.4 (47, 25);
δημοκρατίαν δ᾿ ἐγὼ μὲν αὐτῷ τῷ δήμῳ συγγιγνώσκω· II.20
(53, 22); εὖ μοι δοκοῦσι διασῴζεσθαι τὴν δημοκρατίαν
III.1 (53, 29); ὥστε μέντοι ὑπάρχειν μὲν δημοκρατίαν
εἶναι, III.9 (55, 9)

δῆμος: ὅτι δίκαιοι αὐτόθι καὶ οἱ πένητες καὶ ὁ δῆμος πλέον
ἔχειν τῶν γενναίων καὶ τῶν πλουσίων I.2 (47, 8); ὁ
δῆμός ἐστιν ὁ ἐλαύνων τὰς ναῦς I.2 (47, 8); τούτων
μὲν τῶν ἀρχῶν οὐδὲν δεῖται ὁ δῆμος μετεῖναι I.3 (47,
17); γιγνώσκει ὁ δῆμος ὅτι πλείω ὠφελεῖται ἐν τῷ μὴ
αὐτὸς ἄρχειν ταύτας τὰς ἀρχας, I.3 (47, 18); ταύτας
ζητεῖ ὁ δῆμος ἄρχειν. I.3 (47, 21); ὁ γὰρ δῆμος βούλ-
εται οὐκ, εὐνομουμένης τῆς πόλεως, αὐτὸς δουλεύειν, I.
8 (48, 14); αὐτὸς ἀπὸ τούτου ἰσχύει ὁ δῆμος I.8 (48,
17); τάχιστ᾿ ἂν ὁ δῆμος εἰς δουλείαν καταπέσοι. I.9
(48, 22); ἐσθῆτά τε γὰρ οὐδὲν βελτίων ὁ δῆμος αὐτόθι
I.10 (48, 28); τοὺς δὲ γυμναζομένους αὐτόθι καὶ τὴν
μουσικὴν ἐπιτηδεύοντας καταλέλυκεν ὁ δῆμος I.13 (49,

7); χορηγοῦσι μὲν οἱ πλούσιοι, χορηγεῖται δὲ ὁ δῆμος,
I.13 (49, 10); ὁ δὲ δῆμος τριηραρχεῖται καὶ γυμνασι-
αρχεῖται. I.13 (48, 10); ἀξιοῖ γοῦν ἀρχύριον λαμβάν-
ειν ὁ δῆμος I.13 (49, 11); δοκεῖ δὲ ὁ δῆμος ὁ ᾿Αθην-
αίων καὶ ἐν τῷδε κακῶς βουλεύεσθαι, I.16 (48, 27);
ὁ δῆμος τῶν ᾿Αθηναίων τάδε κερδαίνει I.17 (50, 6);
γνοὺς ὁ δῆμος ὅτι οὐχ οἷόν τέ ἐστιν ἑκάστῳ τῶν πεν-
ήτων θύειν II.9 (51, 30); ἔστι δὲ ὁ δῆμος ὁ εὐωχού-
μενος καὶ διαλαγχάνων τὰ ἱερεῖα. II.9 (51, 33); ὁ δὲ
δῆμος αὐτὸς αὑτῷ οἰκοδομεῖται ἰδίᾳ παλαίστρας πολλάς,
II.10 (51, 35); ὁ δὲ δῆμος, ἅτε εὖ εἰδὼς II.14 (52,
22); ἄσσα δ' ἂν ὁ δῆμος συνθῆται, II.17 (53, 3);
ἀπὸ ὧν ὁ δῆμος ἐβούλευσεν, II.17 (53, 8); αἰτιᾶται
ὁ δῆμος ὡς ὀλίγοι ἄνθρωποι αὐτῷ ἀντιπράττοντες δι-
έφθειραν· II.17 (53, 8); ἀλλ' ἐντὸς ὀλίγου χρόνου ὁ
δῆμος ἐδούλευσεν ὁ ἐν Βοιωτοῖς, III.11 (55, 20); ὅπου
ὁ δῆμός ἐστιν ὁ ἄρχων τὰς ἀρχάς; III.13 (55, 29);
ὀλίγιστον χρόνον ἡ ἀρχὴ ἔσται τοῦ δήμου τοῦ ᾿Αθήνησι,
I.14 (49, 18); καὶ τοὺς μὲν τοῦ δήμου σῴζουσι, I.16
(50, 3); οἱ σύμμαχοι δοῦλοι τοῦ δήμου τῶν ᾿Αθηναίων
καθεστᾶσι μᾶλλον. I.18 (50, 18); εὖ εἰδότες ὅτι οὐχὶ
τοῦ δήμου ἐστὶν οὐδὲ τοῦ πλήθους ἡ κωμῳδούμενος II.18
(53, 12); διὰ τὸ ζητεῖν πλέον τι ἔχειν τοῦ δήμου, II.
18 (53, 16); ὄντες ὡς ἀληθῶς τοῦ δήμου, II.19 (53, 22);
ὅστις δὲ μὴ ὢν τοῦ δήμου II.20 (23, 24); ἔπειτα μὲν
ὁπόσαι σωτηρίαν φέρουσι τῶν ἀρχῶν χρησταὶ οὖσαι καὶ μὴ

χρησταί κίνδυνον τῷ δήμῳ ἅπαντι, I.3 (47, 16); ἐν δὲ
τῷ δήμῳ ἀμαθία τε πλείστη καὶ ἀταξία καὶ πονηρία· I.5
(48, 1); τί ἄν οὖν γνοίη ἀγαθὸν αὐτῷ ἢ τῷ δήμῳ (;) I.
7 (48, 10); ὅσα ἐν τούτῳ ἔνι ἀγαθὰ τῷ δήμῳ τῷ Ἀθην-
αίων I.16 (49, 29); οἵτινες φίλοι μάλιστα ἦσαν Ἀθην-
αίων τῷ δήμῳ. I.16 (50, 5); δίκην δοῦναι καὶ λαβεῖν
οὐκ ἐν ἄλλοις τισὶν ἀλλ' ἐν τῷ δήμῳ, I.18 (50, 15);
μηδ' αὖ στασιάσαι τῷ δήμῳ μηδένα, II.15 (52, 27); ἐν
πλήρει τῷ δήμῳ· II.17 (53, 6); δημοκρατίαν δ' ἐγὼ
μὲν αὐτῷ τῷ δήμῳ συγγιγνώσκω· II.20 (53, 23); ἐνίοτε
οὐκ ἔστιν αὐτόθι χρηματίσαι τῇ βουλῇ οὐδὲ τῷ δήμῳ
ἐνιαυτὸν καθημένῳ ἀνθρώπῳ· III.1 (53, 32); ἐν οὐδεμίᾳ
γὰρ πόλει τὸ βέλτιστον εὔνουν ἐστὶ τῷ δήμῳ, III.10 (55,
16); ἄλλα τὸ κάκιστον ἐν ἑκάστῃ ἐστὶ πόλει εὔνουν τῷ
δήμῳ· III.10 (55, 17); νῦν δ' ἠνάγκασται τὸν δῆμον
κολακεύειν τὸν Ἀθηναίων εἷς ἕκαστος τῶν συμμάχων, I.
18 (50, 13); κωμῳδεῖν δ' αὖ καὶ κακῶς λέγειν τὸν μὲν
δῆμον οὐκ ἐῶσιν, II.18 (53, 11); φημὶ οὖν ἔγωγε τὸν
δῆμον τὸν Ἀθήνησι γιγνώσκειν οἵτινες χρηστοί εἰσι τῶν
πολιτῶν καὶ οἵτινες πονηροί, II.19 (53, 17); ἤν τις
ἀργύριον ἔχων προσίῃ πρὸς βουλὴν ἢ δῆμον, III.3 (54,
13); τὸν δῆμον κατέκοψαν· III.11 (55, 21)

δημόσιος: θύουσιν οὖν δημοσίᾳ μὲν ἡ πόλις ἱερεῖα πολλά·
II.9 (51, 33); ἢ κατοικοδομεῖ τι δημόσιον· III.4
(54, 18)

δημοτικός: οἱ μὲν γὰρ πένητες καὶ οἱ δημοτικοί...τὴν δημο-
κρατίαν αὔξουσιν· I.4 (47, 24); ἰσχυρὸν τὸ ἐναντίον
σφίσιναὑτοῖς καθιστᾶσιν οἱ δημοτικοί· II.4 (47, 27);
τὴν φύσιν οὐ δημοτικοί εἰσι. II.19 (53, 22); ὀλίγοι
δέ τινες τῶν πενήτων καὶ τῶν δημοτικῶν κωμῳδοῦνται II.
18 (51, 14); πανταχοῦ πλέον νέμουσι τοῖς πονηροῖς καὶ
πένησι καὶ δημοτικοῖς ἢ τοῖς χρηστοῖς, I.4 (47, 22);
τοῖς δὲ δημοτικοῖς οὐκ ἀγαθά· I.6 (48, 8); τοῖς δὲ
δημοτικοῖς δοκεῖ μεῖζον ἀγαθὸν εἶναι I.15 (49, 24)

διά: τὸν μισθὸν δι' ἐνιαυτοῦ λαμβάνειν. I.16 (50, 1);
δεῖ διὰ φιλίας ἰέναι II.5 (51, 15); διὰ χρόνου <δὲ>
διαδικάσαι δεῖ ἀστρατείας III.5 (54, 23); τοῦτο δὲ
γίγνεται ὡς τὰ πολλὰ δι' ἔτους πέμπτου, III.5 (54,
27); ἀνάγκη δι' ἐνιαυτοῦ (sc. διαδικάζειν), III.6
(54, 30); δι' ἐνιαυτοῦ δικάζοντες III.6 (54, 30);
ὅτι μὲν εἵλοντο τοῦτον τὸν τρόπον τῆς πολιτείας, οὐκ
ἐπαινῶ διὰ τόδε, I.1 (47, 2); διὰ μὲν οὖν τοῦτο οὐκ
ἐπαινῶ· I.1 (47, 3); διὰ τόδε, I.2 (47, 8); δι'
ἔνδειαν χρημάτων I.5 (48, 3); διὰ τοῦτ' οὖν I.12
(49, 2); διά τε τὸ πλῆθος τῶν τεχνῶν I.12 (49, 4);
καὶ διὰ τὸ ναυτικόν· I.12 (49, 4); διὰ τοῦτο οὖν
I.12 (49, 4) = I.18 (50, 17); διὰ ταῦτα οὖν I.14 (49,
19) = III.10 (55, 17); διὰ τὰς ἐπιδημίας τὰς τῶν συμ-
μάχων I.17 (50, 10); διὰ τὴν κτῆσιν τὴν ἐν τοῖς ὑπερ-
ορίοις I.19 (50, 19); διὰ τὰς ἀρχὰς τὰς εἰς τὴν
ὑπερορίαν I.19 (50, 19); δι' ἐμπειρίαν τε τῶν πλόων

καὶ διὰ μελέτην· I.20 (50, 23); αἱ μὲν μέγαλαι διὰ
δέος ἄρχονται, II.3 (51, 4); αἱ δὲ μικραὶ πάνυ διὰ
χρείαν (sc. ἄρχονται)· II.3 (51, 5); διὰ τὴν ἀρχὴν
τῆς θαλάττης II.7 (51, 22) = II.7 (51, 26); διὰ τὴν
θάλατταν, II.12 (52, 11); διὰ τὸ ζητεῖν II.18 (53,
15); καὶ τοῦτο Ἀθήνησι γίγνεται οὐδὲν δι' ἄλλο ἢ
◄διότι► III.1 (54, 1); διὰ τὸ πλῆθος τῶν πραγμάτων
III.1 (54, 1)

διαδικάζω: δεῖ δὲ καὶ τάδε διαδικάζειν, III.4 (54, 17);
ταῦτα οὐκ οἴεσθαι <χρὴ>χρῆναι διαδικάζειν ἅπαντα;
III.6 (54, 28); εἰπάτω γάρ τις ὃ τι οὐ χρῆν αὐτόθι
διαδικάζεσθαι. III.6 (54, 29); διαδικάσαι εἰς Διον-
ύσια καὶ Θαργήλια III.4 (54, 18); καὶ τούτων τοῖς
βουλομένοις διαδικάσαι ὅσα ἔτη· III.4 (54, 21); διὰ
χρόνου <δὲ>διαδικάσαι δεῖ ἀστρατείας III.5 (54, 23)

δίαιτα: οἱ μὲν Ἕλληνες ἰδίᾳ μᾶλλον καὶ φωνῇ καὶ διαίτῃ καὶ
σχήματι χρῶνται, II.8 (51, 28)

διαιτάω: καὶ μεγαλοπρεπῶς διαιτᾶσθαι ἐνίους (sc. ἐῶσι),
I.11 (48, 30)

διαίτημα: εἴη μὲν οὖν ἂν πόλις οὐκ ἀπὸ τοιούτων διαιτη-
μάτων ἡ βελτίστη, I.8 (48, 13)

διαλαγχάνω: ἔστι δὲ ὁ δῆμος ὁ εὐωχούμενος καὶ διαλαγχάνων
τὰ ἱερεῖα. II.9 (52, 34)

διαλανθάνω: ἔγνω ὅτι μᾶλλον οἷόν τε διαλαθεῖν κακῷ ὄντι

ἐν δημοκρατουμένῃ πόλει ΙΙ.20 (53, 26)

διαπράττω: καὶ τἆλλα διαπράττονται ἃ δοκοῦσιν ἁμαρτάνειν
τοῖς ἄλλοις Ἕλλησι, I.1 (47, 5); (ἐν δὲ ταύταις
ἧττόν τινα δυνατόν ἐστι διαπράττεσθαι τῶν τῆς πόλεως)
ΙΙΙ.2 (54, 5); ἀπὸ χρημάτων πολλὰ διαπράττεσθαι
Ἀθήνῃσι ΙΙΙ.3 (54, 14); καὶ ἔτι ἂν πλείω διαπράττ-
εσθαι ΙΙΙ.3 (54, 14); αἰτιᾶται ὁ δῆμος ὡς ὀλίγοι ἄν-
θρωποι διαπράττοντες διέφθειραν· ΙΙ.17 (53, 9); πᾶσι
διαπρᾶξαι ἡ πόλις τῶν δεομένων οὐχ ἱκανή, ΙΙΙ.3 (54,
15)

διασκευάζω: ὥστε καὶ διασκευάσασθαι ῥᾴδιον ἔσται πρὸς
ὀλίγους δικαστὰς ΙΙΙ.7 (54, 34)

διασῴζω: ὡς εὖ διασῴζονται τὴν πολιτείαν I.1 (47, 4); εὖ
μοι δοκοῦσι διασῴζεσθαι τὴν δημοκρατίαν ΙΙΙ.1 (53, 29);
ἐν αὐτῷ τούτῳ φανοῦνται τὴν δημοκρατίαν διασῴζοντες.
I.4 (47, 23)

διατίθημι: ποῖ διαθήσεται ἐὰν μὴ πείσῃ τοὺς ἄρχοντας τῆς
θαλάττης; ΙΙ.11 (52, 4) = ΙΙ.11 (52, 6)

διαφθείρω: αἰτιᾶται ὁ δῆμος ὡς ὀλίγοι ἄνθρωποι αὐτῷ δια-
πράττοντες διέφθειραν· ΙΙ.17 (53, 9)

δίδωμι: οὐδ' εἰ ὁποσονοῦν χρυσίον καὶ ἀργύριον διδοίη τις
αὐτοῖς. ΙΙΙ.3 (54, 16); κινδυνεύσει καὶ τὰ χρήματα
διδόνται τὰ ἑαυτοῦ I.11 (49, 1); εἰ πλείους ἔτι
ἐδίδοσαν ἀργύριον· ΙΙΙ.3 (54, 15); δεῖ μὲν ἀφικόμενον

'Αθήναζε δίκην δοῦναι καί λαβεῖν I.18 (50, 15)

δικάζω: ἀλλὰ φήσει τις χρῆναι δικάζειν μέν, ἐλάττους δὲ
δικάζειν. III.7 (54, 32); πολὺ ἧττον<δὲ>δικαίως
δικάζειν. III.7 (55, 1); ἐν αἷς οὐχ οἷόν τε δικάζειν·
III.8 (55, 3); δι' ἐνιαυτοῦ δικάζοντες III.6 (54, 30)

δίκαιος: δοκεῖ δίκαιον εἶναι πᾶσι τῶν ἀρχῶν μετεῖναι ἔν τε
τῷ κλήρῳ καὶ ἐν τῇ χειροτονίᾳ I.2 (47, 13); ὅτι δίκ-
αιοι αὐτόθι καὶ οἱ πένητες καὶ ὁ δῆμος πλέον ἔχειν τῶν
γενναίων καὶ τῶν πλουσίων I.2 (47, 7); ἔν τε τοῖς
δικαστηρίοις οὐ τοῦ δικαίου αὐτοῖς μᾶλλον μέλει ἤ τοῦ
αὐτοῖς συμφόρου. I.13 (49, 13); μηδὲ λέγειν τὰ δίκαια
<μηδὲ>πράττειν, III.13 (55, 30)

δικαίως: πολὺ ἧττον<δὲ>δικαίως δικάζειν. III.7 (55, 1);
εἴ τινες δικαίως ἠτίμωνται, III.12 (55, 27); ἐκ δὲ
τοῦ μὴ δικαίως ἄρχειν III.13 (55. 30)

δικαστήριον: ὀλίγοι ἐν ἑκάστῳ ἔσονται τῷ δικαστηρίῳ, III.7
(54, 34); ἔν τε τοῖς δικαστηρίοις οὐ τοῦ δικαίου αὐτοῖς
μᾶλλον μέλει ἤ τοῦ αὐτοῖς συμφόρου. I.13 (49, 13);
τοὺς δ' ἐναντίους ἀπολλύουσιν ἐν τοῖς δικαστηρίοις· I.
16 (50, 3); καὶ ἀντιβολῆσαι ἀναγκάζεται ἐν τοῖς δικ-
αστηρίοις I.18 (50, 16); ἐὰν μὴ ὀλίγα ποιῶνται δικ-
αστήρια, III.7 (54, 33)

δικαστής: ὡς καὶ διασκεύασθαι ῥᾴδιον ἔσται πρὸς ὀλίγους
δικαστὰς III.7 (54, 34)

δίκη: τῶν δικῶν 'Αθήνησιν οὐσῶν τοῖς συμμάχοις· I.17 (50,

6); δεῖ μὲν ἀφικόμενον 'Αθήναζε δίκην δοῦναι καὶ λαβ-

εῖν I.18 (50, 15); τοὺς συμμάχους ἀναγκάζουσι πλεῖν

ἐπὶ δίκας 'Αθήναζε. I.16 (49, 28); εἰ δὲ οἴκοι εἶχον

ἕκαστοι τὰς δίκας, I.16 (50, 4); εἰ μὲν μὴ ἐπὶ δίκας

ᾖεσαι οἱ σύμμαχοι, I.18 (50, 11); ἔπειτα δίκας καὶ

γραφὰς καὶ εὐθύνας ἐκδικάζειν III.2 (54, 5)

διοικέω: διοικοῦσι τὰς πόλεις τὰς συμμαχίδας, I.16 (50, 2)

Διονύσια: διαδικάσαι εἰς Διονύσια καὶ Θαργήλια καὶ Παναθήναια

καὶ Προμήθεια καὶ 'Ηφαίστια ὅσα ἔτη· III.4 (54, 20)

διότι: διότι δεῖται ἡ πόλις μετοίκων I.12 (49, 3); καὶ

τοῦτο 'Αθήνησι γίγνεται οὐδὲν δι' ἄλλο ἤ <διότι>...

οὐχ οἷοί τε πάντας ἀποπέμπειν εἰσὶ χρηματίσαντες. III.

1 (54, 1); διότι πᾶσι διαπρᾶξαι ἡ πόλις τῶν δεομένων

οὐχ ἱκανή, III.3 (54, 15)

διπλάσιος: καὶ ἄγουσι μὲν ἑορτὰς διπλασίους ἤ οἱ ἄλλοι·

III.8 (55, 3)

δοκέω: δοκεῖ δίκαιον εἶναι I.2 (47, 13); τοῖς δὲ δημο-

τικοῖς δοκεῖ μεῖζον ἀγαθὸν εἶναι I.15 (49, 24);

Δοκεῖ δὲ ὁ δῆμος...κακῶς βουλεύεσθαι, I.16 (49, 27);

ὃ ἥκιστα δοκεῖ εὖ ἔχειν 'Αθήνησιν, II.1 (50, 27);

(sc. εὖ) διαπράττονται ἃ δοκοῦσιν ἁμαρτάνειν τοῖς

ἄλλοις "Ελλησι, I.1 (47, 5); ὅτι ἐκπλέοντες συκο-

φαντοῦσιν ὡς δοκοῦσι, I.14 (49, 16); εὖ μοι δοκοῦσι

διασφζεσθαι τὴν δημοκρατίαν III.1 (53, 29); Δοκοῦσι
δὲ 'Αθηναῖοι καί τοῦτό μοι οὐκ ὀρθῶς βουλεύεσθαι III.
10 (55, 12); ἐπεί δὲ ταῦτα ἔδοξεν οὕτως αὐτοῖς, I.1
(47, 4); ἐπειδήπερ ἔδοξεν αὐτοῖς δημοκρατεῖσθαι, III.
1 (53, 28); καί εἰ μὴ δόξαι εἶναι ταῦτα, II.17 (53, 6)

δοκιμάζω: ἀρχάς δοκιμάσαι καί διαδικάσαι III.4 (54, 22);
καί ὀρφανούς δοκιμάσαι III.4 (54, 22)

δουλεία: τάχιστ' ἄν ὁ δῆμος εἰς δουλείαν καταπέσοι I.9
(48, 22)

δουλεύω: ὁ γάρ δῆμος βούλεται οὐκ, εὐνομουμένης τῆς πόλεως,
αὐτός δουλεύειν, I.8 (48, 15); ἀπό χρημάτων ἀνάγκη
τοῖς ἀνδραπόδοις δουλεύειν, I.11 (48, 32); ἀλλ' ἐντός
ὀλίγου χρόνου ὁ δῆμος ἐδούλευσεν ὁ ἐν Βοιωτοῖς. III.11
(55, 20)

δοῦλος: οὔτε ὑπεκστήσεταί σοι ὁ δοῦλος. I.10 (48, 25);
ἐν δὲ τῇ Λακεδαίμονι ὁ ἐμός δοῦλος σ' ἐδέδοικει· I.11
(48, 35); ἐσθῆτά τε γάρ οὐδέν βελτίων ὁ δῆμος αὐτόθι ἤ οἱ
δοῦλοι καί οἱ μέτοικοι, I.10 (48, 28); ὅπου δ' εἰσί
πλούσιοι δοῦλοι, I.11 (48, 34); οἱ σύμμαχοι δοῦλοι
τοῦ δήμου τῶν 'Αθηναίων καθεστᾶσι μᾶλλον. I.18 (50,
18); τῶν δούλων δ' αὖ καί τῶν μετοίκων πλείστη ἐστίν
'Αθήνησιν ἀκολασία I.10 (48, 23); ἰσηγορίαν καί τοῖς
δούλοις πρός τούς ἐλευθέρους ἐποιήσαμεν, I.12 (49, 2);
εἰ νόμος ἦν τόν δοῦλον 'ὑπό τοῦ ἐλευθέρου τύπτεσθαι

I.10 (48, 26); πολλάκις ἂν οἰηθεὶς εἶναι τὸν 'Αθην-
αῖον δοῦλον ἐπάταξεν ἄν· I.10 (48, 27); οὐκέτι ἐν-
ταῦθα λυσιτελεῖ τὸν ἐμὸν δοῦλον σὲ δεδιέναι I. I.11
(48, 34); ἐῶσι τοὺς δούλους τρυφᾶν αὐτόθι I.11 (48,
30)

δύναμαι: ἀλλ' ἢ πλούσιος ἢ γενναῖος ἢ δυνάμενος (sc. ἐστί)
II.18 (53, 13)

δύναμις: ὅπου γὰρ ναυτικὴ δύναμίς ἐστιν, I.11 (48, 31);
(sc. ὁ δῆμος) ὁ τὴν δύναμιν περιτιθεὶς τῇ πόλει, I.2
(47, 9); οὗτοί εἰσιν οἱ τὴν δύναμιν περιτιθέντες τῇ
πόλει I.2 (48, 11)

δυνατός: ἐὰν οἱ σύμμαχοι δυνατοὶ ὦσι χρήματα εἰσφέρειν· I.
15 (49, 24); +...γνοὺς ὅτι οὐ+ δυνατὰ ταῦτά ἐστιν ἐπι-
τηδεύειν. I.13 (49, 7); (ἐν δὲ ταύταις ἧττόν τινα
δυνατόν ἐστι διαπράττεσθαι τῶν τῆς πόλεως) III.2 (54,
4);   ἀλλ' ἐὰν τοὺς δυνατωτάτους ἄρχειν· I.3 (47, 19)

δύο: ἄλλη δ' οὐδεμία πόλις δύο τούτων ἔχει· II.12 (52, 11);
οὐδὲ τἆλλα δύο ἢ τρία μίᾳ πόλει, II.12 (52, 14)

E

ἐάν: ἐὰν δὲ εὖ πράττωσιν I.4 (47, 25); ἐὰν δὲ δεδίῃ I.
11 (48, 35); ἐὰν οἱ σύμμαχοι δυνατοὶ ὦσι I.15 (49, 23);
ἐὰν μὴ ὑπήκοος ᾖ II.3 (51, 6); ἐὰν δὲ προσίωσιν, II.
4 (51, 10); ἐὰν μὴ πείσῃ II.11 (52, 5) = II.11 (52,
6); ἐὰν δέ τι ἀγαθόν (sc. ἀναβαίνῃ), II.17 (53, 9);
ἐὰν μὴ διὰ πολυπραγμοσύνην καὶ διὰ τὸ ζητεῖν πλέον τι
ἔχειν τοῦ δήμου, II.18 (53, 15); κἂν πονηροὶ ὦσι,
II.19 (53, 19); καὶ ἐάν τι ἄλλο ἐξαπιναῖον ἀδίκημα
γίγνηται, III.5 (54, 24); ἐάν τε ὑβρίζωσί III.5
(54, 24); ἐάν τε ἀσεβήσωσι. III.5 (54, 25); ἐὰν μὴ
ὀλίγα ποιῶντι δικαστήρια, III.7 (54, 33)

ἑαυτός: κινδυνεύσει καὶ τὰ χρήματα διδόναι τὰ ἑαυτοῦ I.
11 (49, 1); ὥστε μὴ κινδυνεύειν περὶ ἑαυτοῦ. I.11
(49, 2); μηδὲ τμηθῆναι τὴν ἑαυτῶν γῆν II.14 (52, 20)

ἐάω: ἐῶσι τοὺς δούλους τρυφᾶν αὐτόθι I.11 (48, 29);
κωμῳδεῖν δ' αὖ καὶ κακῶς λέγειν τὸν μὲν δῆμον οὐκ
ἐῶσιν, II.18 (53, 11); ἀλλ' ἐᾶν τοὺς δυνατωτάτους
ἄρχειν· I.3 (47, 19); ὡς ἐχρῆν αὐτοὺς μὴ ἐᾶν λέγειν
πάντας ἐξ ἴσης μηδὲ βουλεύειν, I.6 (48, 4); ἐῶντες
καὶ τοὺς πονηροὺς λέγειν. I.6 (48, 6); καὶ οὐκ
ἐάσουσι μαινομένους ἀνθρώπους βουλεύειν οὐδὲ λέγειν
οὐδὲ ἐκκλησιάζειν. I.9 (48, 20); ἄλλοσε ἄγειν οὐκ
ἐάσουσιν οἵ τινες ἀντίπαλοι ἡμῖν εἰσιν II.12 (52, 9)

ἐγώ: οὗ δ' ἕνεκέν ἐστι τοῦτο ἐπιχώριον, ἐγὼ φράσω· I.10

(48, 25); καὶ ἐγὼ μὲν οὐδὲν ποιῶν II.12 (52, 10);

δημοκρατίαν δ' ἐγὼ μὲν αὐτῷ τῷ δήμῳ συγγιγνώσκω· II.

20 (53, 23); τούτῳ τῷ τρόπῳ χρώμενοι ᾧ ἐγὼ ἐπέδειξα.

III.1 (53, 31); ἐγὼ δὲ τούτοις ὁμολογήσαιμ' ἂν III.3

(54, 13); ἀλλ' ἐγὼ μὲν τίθημι ἴσας τῇ ὀλιγίστας ἀγ-

ούσῃ πόλει. III.8 (55, 3); ἐγὼ δὲ φημί τινας εἶναι

III.12 (55, 25); ἐξ αὐτῶν μέντοι τούτων καὶ δὴ νῆές

μοί εἰσι, II.11 (52, 7); εὖ μοι δοκοῦσι διασῴζεσθαι

III.1 (53, 28); Δοκοῦσι δὲ 'Αθηναῖοι καὶ τοῦτό μοι

οὐκ ὀρθῶς βουλεύεσθαι III.10 (55, 12); ἐὰν δὲ δεδίῃ

ὁ σὸς δοῦλος ἐμέ, I.11 (48, 35)

ἔγωγε: φημὶ οὖν ἔγωγε τὸν δῆμον τὸν 'Αθήνησι γιγνώσκειν II.

19 (53, 17)

εἰ: εἰ μὲν γὰρ οἱ χρηστοὶ ἔλεγον καὶ ἐβουλεύοντο, I.6

(48, 6); εἰ δ' εὐνομίαν ζητεῖς, I.9 (48, 18); εἰ

νόμος ἦν I.10 (48, 25); εἰ δέ τις καὶ τοῦτο θαυμάζει

I.11 (48, 29); εἰ δὲ ἰσχύσουσιν οἱ πλούσιοι I.14

(49, 17); εἰ δὲ οἴκοι εἶχον I.16 (50, 4); ἔπειτα εἴ

τῳ συνοικία ἐστίν, I.17 (50, 8); εἴ τῳ ζεῦγός ἐστιν

I.18 (50, 9); εἰ μὲν μὴ ἐπὶ δίκας ᾖσαν I.18 (50,

11); εἰ τῶν συμμάχων κρείττονές εἰσι. II.1 (50, 30);

εἰ δ' οἷόν τε καὶ λαθεῖν II.2 (51, 1); Εἰ δὲ δεῖ

καὶ σμικροτέρων μνησθῆναι, II.7 (51, 22); εἰ γάρ τις

πόλις πλουτεῖ II.11 (52, 4); τί δ' εἴ τις...πλουτεῖ

πόλις, II.11 (52, 5); εἰ γὰρ νῆσον οἰκοῦντες θαλ-

ασσοκράτορες ἦσαν 'Αθηναῖοι, II.14 (52, 18); εἰ
ἠβούλοντο, II.14 (52, 19); εἰ νῆσον ᾤκουν, II.15
(52, 25) = II.15 (52, 28); νῦν μὲν γὰρ εἰ στασιάσαιεν,
II.15 (52, 28); εἰ δὲ νῆσον ᾤκουν, II.15 (52, 29);
εἰ αὐτὴν ἐλεήσουσιν II.16 (52, 33); καὶ εἰ μὴ δόξαι
εἶναι ταῦτα, II.17 (53, 6); εἴ τίς τινα βούλεται
(sc. κωμῳδεῖν), II.18 (53, 11); ἆρα δή τι θαυμαστόν
ἐστιν εἰ τοσούτων ὑπαρχόντων πραγμάτων μὴ οἷοί τ' εἰσὶ
πᾶσιν ἀνθρώπους χρηματίσαι; III.2 (54, 10); εἰ πλεί-
ους ἔτι ἐδίδοσαν ἀργύριον· III.3 (54, 14); οὐδ' εἰ
ὁποσονοῦν χρησίον καὶ ἀργύριον διδοίη τις αὐτοῖς. III.
3 (54, 16); εἴ τις τὴν ναῦν μὴ ἐπισκευάζει III.4 (54,
17); εἰ δ' αὖ ὁμολογεῖν δεῖ III.6 (54, 29); πλὴν εἰ
κατὰ μικρόν τι οἷόν τε τὸ μὲν ἀφελεῖν τὸ δὲ προσθεῖναι,
III.8 (55, 5); εἰ μὲν γὰρ ᾑροῦντο τοὺς βελτίους, III.
10 (55, 14); εἴ τινες δικαίως ἠτίμωνται, III.12 (55,
27); εἴ τινες ἀδίκως (sc. ἠτίμωνται). III.12 (55, 28)

εἶδος: καὶ τὰ εἴδη οὐδὲν βελτίους εἰσίν. I.10 (48, 29)

εἰκότως: καὶ τοῖς μετοίκοις εἰκότως τὴν ἰσηγορίαν ἐποιή-
σαμεν. I.12 (49, 5)

εἰμί: ὁ δῆμός ἐστιν ὁ ἐλαύνων τὰς ναῦς I.2 (47, 9); ἔστι
δὲ πάσῃ γῇ τὸ βέλτιστον ἐναντίον τῇ δημοκρατίᾳ· I.5
(47, 27); αὐτὸς ἀπὸ τούτου ἰσχύει ὁ δῆμος καὶ ἐλεύ-
θερός ἐστιν. I.8 (48, 17); τῶν δούλων δ' αὖ καὶ τῶν
μετοίκων πλείστη ἐστιν 'Αθήνησιν ἀκολασία I.10 (48, 23);

45.

εἰμί
οὗ δ' ἕνεκέν ἐστι τοῦτο ἐπιχώριον, I.10 (48, 25);

ὅπου γὰρ ναυτικὴ δύναμίς ἐστιν, I.11 (48, 31); +...

γνοὺς ὅτι οὐ+ δυνατὰ ταῦτά ἐστιν ἐπιτηδεύειν. I.13

(49, 8); γιγνώσκοντες ὅτι σφίσιν ἀγαθόν ἐστι τοὺς

βελτίστους σῴζειν I.14 (49, 22); ἰσχύς ἐστιν αὐτὴ

'Αθηναίων, I.15 (49, 3); εἴ τῳ ζεῦγός ἐστιν I.18 (50,

9); ὅς ἐστι δὴ νόμος 'Αθήνησι. I.18 (50, 15); τοῖς

μὲν κατὰ γῆν ἀρχομένοις οἷόν τ' ἐστὶν ἐκ μικρῶν πόλ-

εων συνοικισθέντας ἀθρόους μάχεσθαι· II.2 (50, 32);

οὐ γάρ ἐστι πόλις οὐδεμία II.3 (51, 5); τοῖς ἄρχουσι

τῆς θαλάττης οἷόν τε ἐστὶ ποιεῖν, II.4 (51, 7); οὐχ

οἷόν τέ ἐστι ἑκάστῳ τῶν πενήτων θύειν II.9 (51, 30);

ἐστι δὲ ὁ δῆμος ὁ εὐωχούμενος II.9 (51, 33); καὶ

γυμνασία καὶ λουτρὰ καὶ ἀποδυτήρια τοῖς μὲν πλουσίοις

ἐστὶν ἰδίᾳ ἐνίοις, II.10 (51, 35); οὐδ' ἐστὶ τῇ

αὐτῇ ξύλα καὶ λίνον, II.12 (52, 12); ὅπου λίνον

ἐστὶ πλεῖστος, λεία χώρα καὶ ἄξυλος· II.12 (52, 12);

πρὸς πᾶσαν ἤπειρόν ἐστι ἢ ἀκτὴ προέχουσα ἢ νῆσος προ-

κειμένη ἢ στενόπορόν τι· II.13 (52, 15); εὖ εἰδότες

ὅτι οὐχὶ τοῦ δήμου ἐστὶν οὐδὲ τοῦ πλήθους ὁ κωμῳδού-

μενος II.18 (53, 12); αὐτὸν μὲν γὰρ εὖ ποιεῖν παντὶ

συγγνώμη ἐστίν· II.20 (53, 24); ἐνίοτε οὐκ ἔστιν

αὐτόθι χρηματίσαι τῇ βουλῇ οὐδὲ τῷ δήμῳ ἐνιαυτὸν

καθημένῳ ἀνθρώπῳ· III.1 (53, 32); (ἐν δὲ ταύταις

ἧττόν τινα δυνατόν ἐστι διαπράττεσθαι τῶν τῆς πόλεως)

III.2 (54, 5); ἆρα δή τι θαυμαστόν ἐστιν III.2 (54,

10); ἐν οὐδεμίᾳ γὰρ πόλει τὸ βέλτιστον εὔνουν ἐστὶ

τῷ δήμῳ, III.10 (55, 16); ἀλλὰ τὸ κάκιστον ἐν ἑκ- εἰμί
άστῃ ἐστὶ πόλει εὔνουν τῷ δήμῳ· III.10 (55, 16); ὅπου
ὁ δῆμός ἐστιν ὁ ἄρχων τὰς ἀρχάς; III.13 (55, 29);
οὗτοί εἰσιν οἱ τὴν δύναμιν περιτιθέντες τῇ πόλει I.2
(47, 11); ὁπόσαι δ᾽ εἰσὶν ἀρχαὶ μισθοφορίας ἕνεκα καὶ
ὠφελείας εἰς τὸν οἶκον, I.3 (47, 20); καὶ τὰ εἴδη
οὐδὲν βελτίους εἰσίν. I.10 (48, 29); ὅπου δ᾽ εἰσὶ
πλούσιοι δοῦλοι, I.11 (48, 33); εἰ τῶν συμμάχων κρείτ-
τονές εἰσι. II.1 (50, 31); ὅσοι νησιῶταί εἰσιν, II.2
(50, 34); οἱ δὲ κρατοῦντες θαλασσοκράτορές εἰσιν. II.2
(51, 1); ὁπόσαι δ᾽ ἐν τῇ ἠπείρῳ εἰσὶ πόλεις II.3 (51,
3); νόσους τῶν καρπῶν, αἵ ἐκ Διός εἰσιν, II.6 (51,
18); Τὸν δὲ πλοῦτον μόνοι οἷοί τ᾽ εἰσὶν ἔχειν II.11
(52, 3); ἐξ αὐτῶν μέντοι τούτων καὶ δὴ νῆές μοί εἰσι,
II.11 (52, 7); οἵ τινες ἀντίπαλοι ἡμῖν εἰσιν II.12
(52, 10); Ἑνὸς δὲ ἐνδεεῖς εἰσιν· II.14 (52, 18);
γιγνώσκειν οἵτινες χρηστοί εἰσι τῶν πολιτῶν καὶ οἵτινες
πονηροί, II.19 (53, 22);   τὴν φύσιν οὐ δημοτικοί εἰσι.
II.19 (53, 22); οὐχ οἷοί τε πάντας ἀποπέμπειν εἰσι
χρηματίσαντες. III.1 (54, 2); (sc. εἰ) μὴ οἷοί τ᾽
εἰσὶ πᾶσιν ἀνθρώποις χρηματίσαι; III.2 (54, 11);
οἱ γὰρ ὁμοῖοι τοῖς ὁμοίοις εὔνοοί εἰσι· III.10 (55,
17); ἐκ τοιούτων ἄτιμοί εἰσιν Ἀθήνησι. III.13 (55,
31); ἐὰν μὴ ὑπήκοος ᾖ τῶν ἀρχόντων τῆς θαλάττης. II.
3 (51, 6); ὅπου ἂν μηδεὶς ᾖ πολέμιος II.4 (51, 9);
οὗ μὲν ἂν ᾖ κρείττων, II.5 (51, 16); ἐὰν οἱ σύμμαχοι
δυνατοὶ ὦσι χρήματα εἰσφέρειν· I.15 (49, 24); κἂν
πονηροὶ ὦσι, II.19 (53, 19); εἴη μὲν οὖν ἂν πόλις

47.

οὐκ ἀπὸ τοιούτων διαιτημάτων ἡ βελτίστη, I.8 (48,

13); πῶς γὰρ ἂν καὶ οἷοί τε εἶεν, III.2 (54, 3);

δοκεῖ δίκαιον εἶναι I.1 (47, 13); ἐλεύθερος εἶναι

καὶ ἄρχειν, I.8 (48, 15); πολλάκις ἂν οἰηθεὶς εἶναι

τὸν Ἀθηναῖον δοῦλον ἐπάταξεν ἄν· I.10 (48, 27); νομί-

ζων τοῦτο +οὐ καλὸν εἶναι...+ I.13 (47, 9); τοῖς δὲ

δημοτικοῖς δοκεῖ μεῖζον ἀγαθὸν εἶναι I.15 (49, 25);

καὶ τῶν μὲν πολεμίων ἥττους τε σφᾶς αὑτοὺς ἡγοῦνται

εἶναι καὶ ὀλείζους, II.2 (50, 28); καὶ εἰ μὴ δόξαι

εἶναι ταῦτα, II.17 (53, 6); οὗ φημι οἷόν τ᾽ εἶναι

ἄλλως ἔχειν τὰ πράγματα Ἀθήνησιν III.8 (55, 5);

ὥστε μέντοι ὑπάρχειν μὲν δημοκρατίαν εἶναι, III.9

(55, 9); ἐγὼ δὲ φημί τινας εἶναι III.12 (55, 25);

ταῦτα χρὴ λογιζόμενον μὴ νομίζειν εἶναί τι δεινὸν III.

13 (55, 32); ὅστις δὲ μὴ ὢν τοῦ δήμου II.20 (53, 24);

ὄντες ὡς ἀληθῶς τοῦ δήμου, II.19 (53, 21); ὁπόσαι...

τῶν ἀρχῶν χρησταὶ οὖσαι καὶ μὴ χρησταὶ I.3 (47, 15);

τῶν δικῶν Ἀθήνησιν οὐσῶν τοῖς συμμάχοις· I.17 (50,

7); τούτων τοίνυν τοιούτων ὄντων III.8 (55, 5);

ἔγνω ὅτι μᾶλλον οἷόν τε διαλαθεῖν κακῷ ὄντι ἐν δημο-

κρατουμένῃ πόλει II.20 (53, 26); ἀδυνάτους ὄντας

ἐπιβουλεύειν. I.15 (49, 26); ὀλίγιστον χρόνον ἡ ἀρχὴ

ἔσται τοῦ δήμου τοῦ Ἀθήνησι, I.14 (49, 18); ταῦτα

τοίνυν οὐκ ἔσται αὐτῇ, II.3 (51, 6); ἐξηῦρεν ὅτῳ

τρόπῳ ἔσται ταῦτα. II.9 (51, 32); ὥστε καὶ διασκευ-

48.

ασασθαι ῥᾴδιον ἔσται πρὸς ὀλίγους δικαστὰς III.7
(54, 34); ὀλίγοι ἐν ἑκάστῳ ἔσονται τῷ δικαστηρίῳ,
III.7 (54, 33); τοῖς ὁμοίοις σφίσιν αὐτοῖς ἦν ἀγαθά,
I.6 (48, 7); εἰ νόμος ἦν τὸν δοῦλον ὑπὸ τοῦ ἐλευ-
θέρου τύπτεσθαι I.10 (48, 25); οἵτινες φίλοι μάλιστα
ἦσαν 'Αθηναίων τῷ δήμῳ. I.16 (50, 5); εἰ γὰρ νῆσον
οἰκοῦντες θαλασσοκράτορες ἦσαν 'Αθηναῖοι, II.14 (52,
19)

εἶμι: τὸν μὲν πεζῇ ἰόντα δεῖ διὰ φιλίας ἰέναι II.5 (51,
15); σῖτον οὐχ οἷόν τε ἔχειν πολλοῦ χρόνου πεζῇ
ἰόντα I. II.5 (51, 15); εἰ μὲν μὴ ἐπὶ δίκας ᾔεσαν οἱ
σύμμαχοι, I.18 (50, 11)

εἶπον: πλὴν ὅπερ ἄρτι εἶπον III.9 (55, 11); εἴποι δ' ἂν
τις I.6 (48, 4); εἴποι τις ἄν, I.7 (48, 10) = I.15
(49, 23); εἰπάτω γάρ τις III.6 (54, 28)

εἰς: ὠφελείας εἰς τὸν οἶκον, I.3 (47, 20); ἀκρίβεια δὲ
πλείστη εἰς τὰ χρηστά, I.5 (48, 1); τάχιστ' ἂν ὁ
δῆμος εἰς δουλείαν καταπέσοι. I.9 (48, 22); διὰ τὰς
ἀρχὰς τὰς εἰς τὴν ὑπερορίαν I.19 (50, 20); εἰσβάντες
εἰς ναῦς, I.20 (50, 26); συνάρασθαι εἰς τὸ αὐτὸ II.
2 (50, 34); συνελθοῦσιν εἰς ταὐτό...εἰς μίαν νῆσον,
II.2 (51, 2); ταῦτα πάντα εἰς ἓν ἠθροίσθη II.7 (51,
25); διαδικάσαι εἰς Διονύσια III.4 (54, 19)

εἷς: εἷς ἕκαστος τῶν συμμάχων, I.18 (50, 13); Ἑνὸς δὲ

ἐνδεεῖς εἰσιν· II.14 (52, 18); ἐνὶ ἀνατιθέντι τὴν
αἰτίαν τῷ λέγοντι καὶ τῷ ἐπιψηφίσαντι, II.17 (53, 4);
οὐδὲ δύο ἢ τρία μίᾳ πόλει, II.12 (52, 14); τὰ τῶν
συμμάχων χρήματα ἕνα ἕκαστον 'Αθηναίων ἔχειν, I.15
(49, 25); συνελθοῦσιν εἰς ταὐτὸ...εἰς μίαν νῆσον, II.
2 (51, 2); ταῦτα πάντα εἰς ἓν ἠθροίσθη II.7 (51, 26)

εἰσάγω: οὐ γάρ ἔστι πόλις οὐδεμία ἥτις οὐ δεῖται εἰσάγεσθαί
τι ἢ ἐξάγεσθαι· II.3 (51, 5)

εἰσβαίνω: οἱ δὲ πολλοὶ ἐλαύνειν εὐθέως οἷοί τε εἰσβάντες
εἰς ναῦς, I.20 (50, 26)

εἴσειμι: καὶ εἰσιόντος του ἐπιλαμβάνεσθαι τῆς χειρός, I.
18 (50, 17)

εἰσφέρω: ἐὰν οἱ σύμμαχοι δυνατοὶ ὦσι χρήματα εἰσφέρειν·
I.15 (49, 24)

εἶτα: εἶτ' οἴκοι καθήμενοι I.16 (50, 1)

ἐκ: μὴ ἐᾶν λέγειν πάντας ἐξ ἴσης I.6 (48, 4); νόσους
τῶν καρπῶν, αἵ ἐκ Διός εἰσιν, II.6 (51, 18); ὥστε ἐκ
τῆς εὐθενούσης ἀφικνεῖται τοῖς τῆς θαλάττης ἄρχουσιν.
II.6 (51, 20); ἐξελέξαντο τοῦτο μὲν ἐκ τῆς, τοῦτο δὲ
ἐκ τῆς· II.8 (51, 27); κεκραμένη ἐξ ἀπάντων τῶν
'Ελλήνων καὶ βαρβάρων. II.8 (51, 29); ἐξ αὐτῶν μέν-
τοι τούτων II.11 (52, 7); ἐκ τῆς γῆς πάντα ταῦτα
ἔχω II.12 (52, 11); ἐκ τῆς αὐτῆς πόλεως II.12

(52, 13); ἐξ ἀρχῆς II.16 (52, 30); ἐκ δὲ τοῦ μὴ
δικαίως ἄρχειν III.13 (55, 30); ἐκ τοιούτων ἄτιμοί
εἰσιν 'Αθήνησι. III.13 (55, 31)

ἕκαστος: εἷς ἕκαστος τῶν συμμάχων, I.18 (50, 13); εἰ δὲ
οἴκοι εἶχον ἕκαστοι τὰς δίκας, I.16 (50, 4); καὶ
τριήραρχοι καθίστανται τετρακόσιοι ἑκάστου ἐνιαυτοῦ,
III.4 (54, 20); οὐχ οἷόν τέ ἐστιν ἑκάστῳ τῶν πενήτων
θύειν II.9 (51, 31); ἀλλὰ τὸ κάκιστον ἐν ἑκάστῃ ἐστὶ
πόλει εὔνουν τῷ δήμῳ· III.10 (55, 16); ὀλίγοι ἐν
ἑκάστῳ ἔσονται τῷ δικαστηρίῳ, III.7 (54, 33); τὰ
τῶν συμμάχων χρήματα ἕνα ἕκαστον 'Αθηναίων ἔχειν, I.
15 (49, 25)

ἑκαστοτή: ἡ ἑκαστοτὴ τῇ πόλει πλείων ἢ ἐν Πειραεῖ· I.17
(50, 7)

ἐκδικάζω: ὅσας οἱ σύμπαντες ἄνθρωποι ἐκδικάζουσι, III.2
(54, 6); ἔπειτα δὲ δίκας καὶ γραφὰς καὶ εὐθύνας
ἐκδικάζειν III.2 (54, 6)

ἐκεῖνος: ἐκείνους δὲ ὅσον ζῆν (sc. ἔχειν) I.15 (49, 26)

ἐκκλησιάζω: καὶ οὐκ ἐάσουσι μαινομένους ἀνθρώπους βουλεύ-
ειν οὐδὲ λέγειν οὐδὲ ἐκκλησιάζειν, I.9 (48, 21)

ἐκλέγω: ἐξελέξαντο τοῦτο μὲν ἐκ τῆς, τοῦτο δὲ ἐκ τῆς· II.
8 (51, 27)

51.

ἐκπλέω: ὅτι ἐκπλέοντες συκοφαντοῦσιν, I.14 (49, 15);

   τοὺς ἐκπλέοντας Ἀθηναίων ἐτίμων ἂν μόνους, I.18
   (50, 11)

ἔκπλους: οἴκοι καθήμενοι ἄνευ νεῶν ἔκπλου διοικοῦσι τὰς
   πόλεις τὰς συμμαχίδας, I.16 (50, 2)

ἐλάττων: ἀλλὰ φήσει τις χρῆναι δικάζειν μέν, ἐλάττους δὲ
   δικάζειν, III.7 (54, 32)

ἐλαύνω: λελήθασι μανθάνοντες ἐλαύνειν τῇ κώπῃ I.19 (50,
   20); οἱ δὲ πολλοὶ ἐλαύνειν εὐθέως οἷοί τε εἰσβάντες
   εἰς ναῦς, I.20 (50, 25); ὁ δῆμός ἐστιν ὁ ἐλαύνων
   τὰς ναῦς I.2 (47, 9)

ἐλεέω: γιγνώσκοντες ὅτι εἰ αὐτὴν ἐλεήσουσιν ἑτέρων ἀγαθῶν
   μειζόνων στερήσονται. II.16 (52, 33)

ἐλεύθερος: ἐλεύθερος εἶναι καὶ ἄρχειν, I.8 (48, 15);
   αὐτὸς ἀπὸ τούτου ἰσχύει ὁ δῆμος καὶ ἐλεύθερός ἐστιν.
   I.8 (48, 17); εἰ νόμος ἦν τὸν δοῦλον ὑπὸ τοῦ ἐλευ-
   θέρου τύπτεσθαι I.10 (48, 26); καὶ ἐλευθέρους ἀφ-
   ιέναι· I.11 (48, 33); ἰσηγορίαν τοῖς δούλοις πρὸς
   τοὺς ἐλευθέρους ἐποιήσαμεν, I.12 (49, 3)

Ἕλλην: οἱ μὲν Ἕλληνες ἰδίᾳ μᾶλλον καὶ φωνῇ καὶ διαίτῃ
   καὶ σχήματι χρῶνται, II.8 (51, 28); Ἀθηναῖοι δὲ
   κεκραμένῃ ἐξ ἁπάντων τῶν Ἑλλήνων καὶ βαρβάρων (sc.
   χρῶνται). II.8 (51, 29); τὸν δὲ πλοῦτον μόνοι οἷοί
   τ' εἰσὶν ἔχειν τῶν Ἑλλήνων καὶ τῶν βαρβάρων II.11

(52, 3); (sc. δοκοῦσιν) τοῖς ἄλλοις Ἕλλησι, I.1
(47, 6)

Ἑλληνις: δεῖ ἑορτάσαι ἑορτάς ὅσας οὐδεμία τῶν Ἑλληνίδων
πόλεων III.2 (54, 4)

ἐλπίς: ἐλπίδα ἄν ἔχοντες ἐν τοῖς πολεμίοις στασιάσαιεν,
II.15 (52, 28)

ἐμμένω: ἢν δὲ ἐμμένωσι ταῖς συνθήκαις II.17 (53, 2)

ἐμός: ὁ ἐμὸς δοῦλος I.11 (48, 35); τὸν ἐμὸν δοῦλον I.11
(48, 34)

ἐμπεδόω: συμμαχίας καὶ τοὺς ὅρκους ταῖς μὲν ὀλιγαρχουμέναις
πόλεσιν ἀνάγκη ἐμπεδοῦν· II.17 (53, 2)

ἐμπειρία: δι᾽ ἐμπειρίαν τε τῶν πλόων καὶ διὰ μελέτην· I.
20 (50, 23)

ἐμπίμπρημι: οὐδὲν τῶν σφῶν ἐμπρήσουσιν οὐδε τεμοῦσιν, II.
14 (52, 23)

ἐν: μετεῖναι ἔν τε τῷ κλήρῳ καὶ ἐν τῇ χειροτονίᾳ I.1 (47,
13 - 14); πλείω ὠφελεῖται ἐν τῷ μὴ αὐτὸς ἄρχειν ταύτας
τὰς ἀρχάς, I.3 (47, 19); ἐν αὐτῷ τούτῳ φανοῦνται τὴν
δημοκρατίαν διασφζοντες. I.4 (47, 23); ἐν γὰρ τοῖς
βελτίστοις ἔνι ἀκολασία τε ὀλιγίστη καὶ ἀδικία, I.5
(47, 28); ἐν δὲ τῷ δήμῳ I.5 (48, 1); οἳ δὲ καὶ ἐν
τούτῳ ἄριστα βουλεύονται I.6 (48, 5); ἐν δὲ τῇ Λακε-
δαίμονι I.11 (48, 34); ἐν ταῖς χορηγίαις I.13 (49, 8);

πλέων ἐν ταῖς ναυσίν, I.13 (49, 12); ἔν τε τοῖς
δικαστηρίοις I.13 (49, 13); χρηστοὶ ἐν ταῖς πόλ-
εσιν, I.14 (49, 18); τοὺς χρηστοὺς ἐν ταῖς συμμάχ-
ισι πόλεσι σῴζουσι, I.14 (49, 21); ἐν ταῖς πόλεσιν.
I.14 (49, 22); καὶ ἐν τῷδε κακῶς βουλεύεσθαι, I.16
(49, 27); ὅσα ἐν τούτῳ ἔνι ἀγαθὰ I.16 (49, 29); ἐν
τοῖς δικαστηρίοις· I.16 (50, 3); ἡ ἑκατοστή...ἡ ἐν
Πειραιεῖ· I.17 (50, 8); οὐκ ἐν ἄλλοις τισὶν ἀλλ' ἐν
τῷ δήμῳ, I.18 (50, 15); ἐν τοῖς δικαστηρίοις I.18
(50, 16); διὰ τὴν κτῆσιν τὴν ἐν τοῖς ὑπερορίοις I.
19 (50, 19); τὰ ἐν τῇ ναυτικῇ· I.19 (50, 22); ἐν
παντὶ τῷ βίῳ I.20 (50, 26); ἡ γὰρ θάλαττα ἐν τῷ
μέσῳ, II.2 (51, 1); ὁπόσαι δ' ἐν τῇ ἠπείρῳ εἰσὶ
πόλεις II.3 (51, 3); ὅ τι ἐν Σικελίᾳ ἡδὺ II.7 (51,
24); ἢ ἐν Ἰταλίᾳ II.7 (51, 24); ἢ ἐν Κύπρῳ II.7
(51, 24); ἢ ἐν Αἰγύπτῳ II.7 (51, 24); ἢ ἐν Λυδίᾳ
II.7 (51, 24); ἢ ἐν τῷ Πόντῳ II.7 (51, 25); ἢ ἐν
Πελοποννήσῳ II.7 (51, 25); ἐλπίδα ἂν ἔχοντες ἐν
τοῖς πολεμίοις στασιάσαιεν, II.15 (52, 28); ἐν
πλήρει τῷ δήμῳ· II.17 (53, 6); ἐν δημοκρατουμένῃ
πόλει II.20 (53, 24) = II.20 (53, 26); μᾶλλον ἢ
ἐν ὀλιγαρχοθμένῃ (sc. πόλει) II.20 (53, 25) = II.
20 (53, 27); ἐν δὲ ταύταις III.2 (54, 4); ὀλίγοι
ἐν ἑκάστῳ ἔσονται τῷ δικαστηρίῳ, III.7 (54, 33);
ἐν αἷς οὐχ οἷόν τε δικάζειν· III.8 (55, 2); ἐν
ταῖς πόλεσι ταῖς στασιαζούσαις, III.10 (55, 13);

ἐν οὐδεμίᾳ γὰρ πόλει III.10 (55, 15); ἐν ἑκάστῃ
ἔστι πόλει III.10 (55, 16); ὁ δῆμος...ὁ ἐν Βοιω-
τοῖς. III.1 (55, 20)

ἐνάντίος: ἰσχυρὸν τὸν ἐναντίον σφίσιν αὐτοῖς καθιστᾶσιν
οἱ δημοτικοί I.4 (47, 26); ἔστι δὲ πάσῃ γῇ τὸ
βέλτιστον ἐναντίον τῇ δημοκρατίᾳ· I.5 (47, 27);
καὶ τοὐναντίον γε τούτου...τὴν φύσιν οὐ δημοτικοί
εἰσι. II.19 (53, 21); τοὺς δ᾽ ἐναντίους ἀπόλλυ-
ουσιν ἐν τοῖς δικαστηρίοις· I.16 (50, 3)

ἐνδεής: Ἑνὸς δὲ ἐνδεεῖς εἰσιν· II.14 (52, 18)

ἔνδεια: ἡ ἀμαθία δι᾽ ἔνδειαν χρημάτων <ἔνι> ἐνίοις τῶν
ἀνθρώπων. I.5 (48, 3)

ἔνειμι: ἐν γὰρ τοῖς βελτίστοις ἔνι ἀκολασία τε ὀλιγίστη
καὶ ἀδικία, I.5 (47, 28); καὶ ἡ ἀπαιδευσία καὶ ἡ
ἀμαθία δι᾽ ἔνδειαν χρημάτων <ἔνι> ἐνίοις τῶν ἀνθρώ-
πων, I.5 (48, 3); ὅσα ἐν τούτῳ ἔνι ἀγαθὰ I.16 (49,
29)

ἕνεκα: ὁπόσαι δ᾽ εἰσὶν ἀρχαὶ μισθοφορίας ἕνεκα καὶ ὠφελ-
είας εἰς τὸν οἶκον, I.3 (47, 20)

ἕνεκεν: οὗ δ᾽ ἕνεκέν ἐστι τοῦτο ἐπιχώριον. I.10 (48, 25)

ἐνθυμέομαι: οὐ δεῖ ἐνθυμεῖσθαι ἀνθρώπους III.12 (55, 27)

ἐνιαυτός: τὸν μισθὸν δι᾽ ἐνιαυτοῦ λαμβάνειν. I.16 (50, 1)

καὶ τριήραρχοι καθίστανται τετρακόσιοι ἑκάστου ἐνι-
αὐτοῦ, III.4 (54, 20); ἀνάγκη δι' ἐνιαυτοῦ (sc.
διαδικάζειν), III.6 (54, 30); δι' ἐνιαυτοῦ δικάζ-
οντες III.6 (54, 30); ἐνίοτε οὐκ ἔστι αὐτόθι χρημ-
ατίσαι τῇ βουλῇ οὐδὲ τῷ δήμῳ ἐνιαυτὸν καθημένῳ ἀνθρώ-
πῳ· III.1 (53, 32)

ἔνιοι: ὃ ἔνιοι θαυμάζουσιν I.4 (47, 21); ἔνιοι...τὴν
φύσιν οὐ δημοτικοί εἰσι. II.19 (53, 21); ἡ ἀμαθία
δι' ἔνδειαν χρημάτων <ἔνι> ἐνίοις τῶν ἀνθρώπων. I.5
(48, 3) ; καὶ γυμνάσια καὶ λουτρὰ καὶ ἀποδυτήρια τοῖς
μὲν πλουσίοις ἐστιν ἰδίᾳ ἐνίοις II.10 (51, 35); καὶ
μεγαλοπρεπῶς διαιτᾶσθαι ἐνίους (sc. ἐῶσι), I.11 (48,
30)

ἐνίοτε: τοῖς ἄρχουσι τῆς θαλάττης οἷόν τ' ἐστὶ ποιεῖν ἅπερ
τοῖς τῆς γῆς ἐνίοτε, II.4 (51, 8); ἐνίοτε οὐκ ἔστιν
αὐτόθι χρηματίσαι τῇ βουλῇ οὐδὲ τῷ δήμῳ ἐνιαυτὸν καθ-
ημένῳ ἀνθρώπῳ· III.1 (53, 32)

ἐνταῦθα: οὐκέτι ἐνταῦθα λυσιτελεῖ τὸν ἐμὸν δοῦλον σὲ δε-
διέναι· I.11 (48, 34); ὥστε ἔξεστι ἐνταῦθα...λωβ-
ᾶσθαι τοὺς τὴν ἤπειρον οἰκοῦντας. II.13 (52, 16)

ἐντεῦθεν: οἳ δ' ἐντεῦθεν ἐπὶ τριήρεσι κατέστησαν· I.20
(50, 25)

ἐντός: ἐντὸς ὀλίγου χρόνου III.11 (55, 19) = III.11 (55,
21) = III.11 (55, 22)

ἐξάγω: οὐ γὰρ ἔστι πόλις οὐδεμία ἥτις οὐ δεῖται εἰσάγ-
εσθαί τι ἢ ἐξάγεσθαι· II.3 (51, 5)

ἐξαπίναιος: καὶ ἐάν τι ἄλλο ἐξαπιναῖον ἀδίκημα γίγνηται,
III.5 (54, 24)

ἐξελαύνω: χρήματα ἀφαιροῦνται καὶ ἐξελαύνονται καὶ ἀπο-
κτείνουσι, I.14 (49, 20)

ἔξεστι: καθ' οὔτε πατάξαι ἔξεστιν αὐτόθι I.10 (48, 24);
παραπλεῖν γὰρ ἔξεστιν ὅπου ἂν μηδεὶς ᾖ πολέμιος II.4
(51, 9); τὸν δὲ πλέοντα...ἔξεστιν ἀποβῆναι II.5 (51,
16); ὥστε ἔξεστιν ἐνταῦθα...λωβᾶσθαι τοὺς τὴν ἤπειρον
οἰκοῦντας. II.13 (52, 16); ἔξεστιν αὐτῷ...ἀρνεῖσθαι
τοῖς ἄλλοις II.17 (53, 4); καὶ λέγειν ἐξεῖναι τῷ
βουλομένῳ τῶν πολιτῶν I.2 (47, 14)

ἐξευρίσκω: ἐξευρίσκει τὸ ἀγαθὸν αὐτῷ τε καὶ τοῖς ὁμοίοις
αὐτῷ. I.6 (48, 9); ἐξηῦρεν ὅτῳ τρόπῳ ἔσται ταῦτα.
II.9 (51, 32); τρόπους εὐωχιῶν ἐξηῦρον II.7 (51, 23);
ἀρκούντως δὲ τοῦτο ἐξευρεῖν III.9 (55, 10); οἷόν τε
πολλὰ ἐξευρεῖν· III.9 (55, 8); προφάσεις μυρίας ἐξ-
ηύρηκε II.17 (53, 7)

ἑορτάζω: δεῖ ἑορτάσαι ἑορτὰς ὅσας οὐδεμία τῶν Ἑλληνίδων
πόλεων III.2 (54, 3)

ἑορτή: θυσίας δὲ καὶ ἱερὰ καὶ ἑορτὰς καὶ τεμένη, II.9
(51, 30); οὕστινας πρῶτον μὲν δεῖ ἑορτάσαι ἑορτὰς

57.

III.2 (54, 4); οἴεσθαι χρὴ καὶ ἑορτὰς ἄγειν χρῆναι
'Αθηναίους III.8 (55, 2); καὶ ἄγουσι μὲν ἑορτὰς δι-
πλασίους ἢ οἱ ἄλλοι· III.8 (55, 3)

ἐπάγω: ὡς κατὰ γῆν ἐπαξόμενοι· II.15 (52, 29)

ἐπαινέω: ὅτι μὲν εἴλοντο τοῦτον τὸν τρόπον τῆς πολιτείας,
οὐκ ἐπαινῶ διὰ τόδε, I.1 (47, 2); διὰ μὲν οὖν τοῦτο
οὐκ ἐπαινῶ· I.1 (47, 4); τὸν μὲν τρόπον οὐκ ἐπαινῶ·
III.1 (53, 28)

ἐπεί: ἐπεὶ δὲ ταῦτα ἔδοξεν οὕτως αὐτοῖς, I.1 (47, 4);
ἐπεί τοι καὶ οὕτως ἔχει, III.12 (55, 26)

ἐπειδή: ἐπειδὴ οὖν ταῦτα οὕτως ἔχει, I.2 (47, 12); ἐπειδὴ
οὖν ἐξ ἀρχῆς οὐκ ἔτυχον οἰκήσαντες νῆσον, II.16 (52,
30)

ἐπειδήπερ: ἐπειδήπερ ἔδοξεν αὐτοῖς δημοκρατεῖσθαι, III.1
(53, 28)

ἐπεισπίπτω: μηδὲ πολεμίους ἐπεισπεσεῖν· II.15 (52, 26)

ἔπειτα: ἔπειτα ὁπόσαι μὲν σωτηρίαν φέρουσι τῶν ἀρχῶν I.3
(47, 15); ἔπειτα δὲ ὃ ἔνιοι θαυμάζουσιν I.4 (47, 21);
ἔπειτα κολάσουσιν οἱ χρηστοὶ τοὺς πονηροὺς I.9 (48,
19); ἔπειτα εἴ τῳ συνοικία ἐστίν, I.17 (50, 8);
ἔπειτα εἴ τῳ ζεῦγός ἐστιν, I.17 (50, 8); ἔπειτα οἱ
κήρυκες ἄμεινον πράττουσι I.17 (50, 9); ἔπειτα δὲ

τοῖς ἄρχουσι τῆς θαλάττης οἷόν τ' ἐστί II.4 (51, 7);
ἔπειτα δὲ II.5 (51, 11); ἔπειτα νόσους τῶν καρπῶν
(sc. χαλεπῶς φέρουσιν), II.6 (51, 18); ἔπειτα φωνὴν
πᾶσαν ἀκούοντες II.8 (51, 26); ἔπειτα δὲ δίκας καὶ
γραφὰς καὶ εὐθύνας ἐκδικάζειν III.2 (54, 5)

ἐπί: οἳ δ' ἐντεῦθεν ἐπὶ τριήρεσι κατέστησαν· I.20 (50,
25); ἀλλ' ἐπὶ τῷ κακῷ· II.19 (53, 21); αὐτοὺς...
ἄγει ἐπὶ τὰ αἰσχρά, I.5 (48, 2); τοὺς συμμάχους ἀν-
άγκουσι πλεῖν ἐπὶ δίκας 'Αθήναζε. I.16 (49, 28);
εἰ μὲν μὴ ἐπὶ δίκας ᾔεσαν οἱ σύμμαχοι, I.18 (50, 11);
ἕως ἂν ἐπὶ φιλίαν χώραν ἀφίκηται II.5 (51, 17); ἢ
ἐπὶ ἥττους αὐτοῦ (sc. ἕως ἂν ἀφίκηται). II.5 (51,
17); ὡς ἐπὶ τὸ πολύ. II.18 (53, 13)

ἐπιβουλεύω: ἐργάζεσθαι ἀδυνάτους ὄντας ἐπιβουλεύειν. I.15
(49, 26)

ἐπιδείκνυμι: τούτῳ τῷ τρόπῳ χρώμενοι ᾧ ἐγὼ ἐπέδειξα. III.
1 (53, 30)

ἐπιδημία: οἱ κήρυκες ἄμεινον πράττουσι διὰ τὰς ἐπιδημίας
τὰς τῶν συμμάχων I.17 (50, 10)

ἐπιλαμβάνω: καὶ εἰσιόντος του ἐπιλαμβάνεσθαι τῆς χειρός.
I.18 (50, 17)

ἐπιμελέομαι: καὶ νεωρίαν ἐπιμεληθῆναι καὶ ἱερῶν; III.2
(54, 10)

ἐπιμίσγω: τρόπους εὐωχιῶν ἐξηῦρον ἐπιμισγόμενοι ἄλλῃ
ἄλλοις· II.7 (51, 23)

ἐπισκευάζω: εἴ τις τὴν ναῦν μὴ ἐπισκευάζει III.4 (54, 17)

ἐπιτήδειος: τοὺς μὲν σφίσιν αὐτοῖς ἐπιτηδείους καὶ συμ-
φόρους φιλοῦσι, II.19 (53, 19)

ἐπιτηδεύω: +...γνοὺς ὅτι οὐ+ δυνατὰ ταῦτά ἐστιν ἐπιτηδεύειν.
I.13 (49, 8); τὴν μουσικὴν ἐπιτηδεύοντας κατελέλυκεν ὁ
δῆμος I.13 (49, 6)

ἐπιτίθημι: ἀλλ' οὐκ ὀλίγων δεῖ τῶν ἐπιθησομένων τῇ δημο-
κρατίᾳ τῇ Ἀθήνησιν· III.12 (55, 26)

ἐπιχειρέω: ὁπόσακις δ' ἐπεχείρησαν αἱρεῖσθαι τοὺς βελτ-
ίστους, III.11 (55, 18)

ἐπιχώριος: οὗ δ' ἕνεκέν ἐστι τοῦτο ἐπιχώριον, I.10 (48,
25)

ἐπιψηφίζω: ἑνὶ ἀνατιθέντι τὴν αἰτίαν τῷ λέγοντι καὶ τῷ
ἐπιψηφίσαντι, II.17 (53, 4)

ἐργάζομαι: ἐργάζεσθαι ἀδυνάτους ὄντας ἐπιβουλεύειν. I.15
(49, 26)

ἐρῶ: πρῶτον μὲν οὖν τοῦτ' ἐρῶ, I.2 (47, 7); τὸ δὲ μέγιστον
εἴρηται III.5 (54, 26)

ἐσθής: ἐσθῆτά τε γὰρ οὐδὲν βελτίων ὁ δῆμος αὐτόθι I.10

(48, 27)

ἕτερος: καὶ ἑτέρου δέους ἀπηλλαγμένοι ἂν ἦσαν, II.15 (52,
24); γιγνώσκοντες ὅτι εἰ αὐτὴν ἐλεήσουσιν ἑτέρων ἀγα-
θῶν μειζόνων στερήσονται. II.16 (52, 33)

ἔτι: "Ετι δὲ πρὸς τούτοις II.13 (52, 15); "Ετι δὲ II.
17 (53, 1) = III.1 (53, 31); καὶ ἔτι ἂν πλείω δια-
πράττεσθαι III.13 (54, 14); εἰ πλείους ἔτι ἐδίδοσαν
ἀργύριον· III.3 (54, 15); πολλὰ ἔτι πάνυ παραλείπω·
III.5 (54, 25)

ἔτος: τοῦτο δὲ γίγνεται ὡς τὰ πολλὰ δι' ἔτους πέμπτου,
III.5 (54, 27); ὅσα ἔτη· III.4 (54, 20) = III.4 (54,
21) = III.4 (53, 23)

εὖ: ὡς εὖ διασῴζονται τὴν πολιτείαν I.1 (47, 4); οἱ χειρ-
ους εὖ πράττοντες I.4 (47, 24); ἐὰν δὲ εὖ πράττωσιν
I.4 (47, 25); ὃ ἥκιστα δοκεῖ εὖ ἔχειν 'Αθήνησιν, II.
1 (50, 27); εὖ εἰδὼς II.14 (52, 23); εὖ εἰδότες II.
18 (53, 12); αὐτὸν μὲν γὰρ εὖ ποιεῖν II.20 (53, 23);
εὖ μοι δοκοῦσι διασῴζεσθαι τὴν δημοκρατίαν III.1 (53,
28); τοῦτο μέντοι εὖ οἶδα III.3 (54, 15)

εὐδαίμων: καὶ πλείω τούτων ἀπολαύει ὁ ὄχλος ἢ οἱ ὀλίγοι καὶ
οἱ εὐδαίμονες. II.10 (52, 2)

εὐθενέω: ὥστε ἐκ τῆς εὐθενούσης (sc. γῆς) ἀφικνεῖται τοῖς
τῆς θαλάττης ἄρχουσιν. II.6 (51, 20)

εὐθέως: οἱ δὲ πολλοὶ ἐλαύνειν εὐθέως οἷοί τε εἰσβάντες
  εἰς ναῦς, I.20 (50, 26)

εὐθύνη: ἔπειτα δὲ δίκας καὶ γραφὰς καὶ εὐθύνας ἐκδικάζειν
  III.2 (54, 6)

εὔνοια: οἱ δὲ γιγνώσκουσιν ὅτι ἡ τούτου ἀμαθία καὶ πονηρία
  καὶ εὔνοια μᾶλλον λυσιτελεῖ I.7 (48, 12)

εὐνομέομαι: ὃ γὰρ σὺ νομίζεις οὐκ εὐνομεῖσθαι, I.8 (48,
  17); ὁ γὰρ δῆμος βούλεται οὐκ, εὐνομουμένης τῆς πόλ-
  εως, αὐτὸς δουλεύειν, I.8 (48, 15)

εὐνομία: εἰ δ᾽ εὐνομίαν ζητεῖς, I.9 (48, 18)

εὔνους: ἐν οὐδεμιᾷ γὰρ πόλει τὸ βέλτιστον εὔνουν ἐστὶ τῷ
  δήμῳ III.10 (55, 16); ἀλλὰ τὸ κάκιστον ἐν ἑκάστῃ
  ἐστὶ πόλει εὔνουν τῷ δήμῳ· III.10 (55, 16); οἱ γὰρ
  ὅμοῖοι τοῖς ὁμοίοις εὔνοοί εἰσι· III.10 (55, 17)

εὐωχέω: οὐχ οἷόν τε ἐστιν ἑκάστῳ τῶν πενήτων...εὐωχεῖσθαι
  II.9 (51, 31); ἔστι δὲ ὁ δῆμος ὁ εὐωχούμενος καὶ δια-
  λαγχάνων τὰ ἱερεῖα. II.9 (51, 33)

εὐωχία: τρόπους εὐωχιῶν ἐξηῦρον II.7 (51, 23)

ἐφορμάω: ὥστε ἔξεστιν ἐνταῦθα ἐφορμοῦσι τοῖς τῆς θαλάττης
  ἄρχουσι λωβᾶσθαι τοὺς τὴν ἤπειρον οἰκοῦντας. II.13
  (52, 16)

ἔχω: ἐκ τῆς γῆς πάντα ταῦτα ἔχω διὰ τὴν θάλατταν, II.12

(52, 11); ἐπειδὴ οὖν ταῦτα οὕτως ἔχει, I.2 (47, 13);

ἄλλη δ' οὐδεμία πόλις δύο τούτων ἔχει· II.12 (52, 12);

ἢ ὥσπερ νῦν ἔχει, III.8 (55, 6); ἐπεί τοι καὶ οὕτως

ἔχει, III.12 (55, 27); ἵνα αὐτός τε ἔχῃ I.13 (49, 12);

ὅτι δίκαιοι αὐτόθι καὶ οἱ πένητες καὶ ὁ δῆμος πλέον

ἔχειν τῶν γενναίων καὶ τῶν πλουσίων I.2 (47, 8); τὰ

τῶν συμμάχων χρήματα ἕνα ἕκαστον Ἀθηναίων ἔχειν, I.

15 (49, 26); ὃ ἥκιστα δοκεῖ εὖ ἔχειν Ἀθήνησιν, II.1

(50, 27); σῖτον οὐχ οἷόν τε ἔχειν πολλοῦ χρόνου πεζῇ

ἰόντα· II.5 (51, 14); τὸν δὲ πλοῦτον μόνοι οἵοί τ'

εἰσὶν ἔχειν II.11 (52, 3); διὰ τὸ ζητεῖν πλέον τι

ἔχειν τοῦ δήμου, II.18 (53, 15); οὗ φημι οἷόν τ'

εἶναι ἄλλως ἔχειν τὰ πράγματα Ἀθήνησιν III.8 (55, 5);

ὥστε μὲν γὰρ βέλτιον ἔχειν τὴν πολιτείαν, III.9 (55,

8); ἤν τις ἀργύριον ἔχων προσίῃ πρὸς βουλὴν ἢ δῆμον,

III.3 (54, 12); ἐλπίδα ἂν ἔχοντες ἐν τοῖς πολεμίοις

στασιάσειαν II.15 (52, 28); καὶ ταῦτα ἂν ἀδεῶς εἶχεν

αὐτοῖς. II.15 (52, 30); εἰ δὲ οἴκοι εἶχον ἕκαστοι τὰς

δίκας, I.16 (50, 4)

ἕως: ἕως ἂν ἐπὶ φιλίαν χώραν ἀφίκηται II.5 (51, 17); ἕως

τῆς θαλάττης ἦρχον, II.14 (52, 20)

Z

ζάω: ἀδεῶς ζῇ II.14 (52, 23); ἐκείνους δὲ ὅσον ζῆν (sc. ἔχειν), I.15 (49, 26)

ζεῦγος: εἴ τῳ ζεῦγός ἐστιν I.17 (50, 9)

Ζεύς: νόσους τῶν καρπῶν, αἳ ἐκ Διός εἰσιν, II.6 (51, 18)

ζητέω: εἰ δ᾽ εὐνομίαν ζητεῖς, I.9 (48, 18); ταύτας ζητεῖ ὁ δῆμος ἄρχειν. I.3 (47, 21); διὰ τὸ ζητεῖν πλέον τι ἔχειν τοῦ δήμου, II.18 (53, 15)

H

ἤ: εἴλοντο τοὺς πονηροὺς ἄμεινον πράττειν ἢ τοὺς χρηστούς.
I.1 (47, 3); πολὺ μᾶλλον ἢ οἱ ὁπλῖται I.2 (47, 12);
πανταχοῦ πλέον νέμουσι τοῖς πονηροῖς...ἢ τοῖς χρηστ-
οῖς, I.4 (47, 22); αὐτῷ ἢ τῷ δήμῳ I.7 (48, 10);
μᾶλλον λυσιτελεῖ ἢ ἡ τοῦ χρηστοῦ ἀρετὴ I.7 (48, 12);
ἢ τὸν μέτοικον ἢ τὸν ἀπελεύθερον, I.10 (48, 26);
οὐδὲν βελτίως ὁ δῆμος αὐτόθι ἢ οἱ δοῦλοι καὶ οἱ μέτ-
οικοι, I.10 (48, 28); οὐ τοῦ δικαίου αὐτοῖς μᾶλλον
μέλει ἢ τοῦ αὐτοῖς συμφόρου. I.13 (49, 14); εἴ τῳ
ζεῦγός ἐστιν ἢ ἀνδράποδον μισθοφοροῦ· I.17 (50, 9);
εἰσάγεσθαί τι ἢ ἐξάγεσθαι· II.3 (51, 5); ἢ ὅπου ἂν
ὀλίγοι (sc. πολέμιοι ὦσι) II.4 (51, 9); ἧττον ἀπορεῖ
ἢ ὁ πεζῇ παραβοηθῶν. II.4 (51, 10); δεῖ διὰ φιλ-
ίας ἰέναι ἢ νικᾶν μαχόμενον, II.5 (51, 15); ἢ ἐπὶ
ἥττους αὐτοῦ (sc. ἕως ἂν ἀφίκηται). II.5 (51, 17);
ἢ ἐν 'Ιταλίᾳ II.7 (51, 24); ἢ ἐν Κύπρῳ II.7 (51,
24). ἢ ἐν Αἰγύπτῳ II.7 (51, 24); ἢ ἐν Λυδίᾳ II.7
(51, 24); ἢ ἐν τῷ Πόντῳ II.7 (51, 25); ἢ ἐν Πελοπ-
οννήσῳ II.7 (51, 25); ἢ ἄλλοθί που, II.7 (51, 25);
καὶ πλείω τούτων ἀπολαύει ὁ ὄχλος ἢ οἱ ὀλίγοι καὶ οἱ
εὐδαίνομες. II.10 (52, 2); σιδήρῳ ἢ χαλκῷ ἢ λίνῳ
II.11 (52, 5 - 6); ἢ οὐ χρήσονται τῇ θαλάττῃ. II.12
(52, 10); δύο ἢ τρία II.12 (52, 14); ἢ ἀκτὴ προ-

ἔχουσι ἤ νῆσον προκειμένη ἤ στενόπορόν τι· II.13
(52, 15); ἤ ὑπό του ἀδικῇ, II.17 (53, 2); ἀλλ' ἤ
πλούσιος ἤ γενναῖος ἤ δυνάμενος (sc. ἐστί), II.18
(53, 13); μᾶλλον ἤ ἐν ὀλιγαρχουμένῃ, II.20 (53,
25) = II.20 (53, 27); καὶ τοῦτο Ἀθήνησιν γίγνεται
οὐδὲν δι' ἄλλο ἤ <διότι> III.1 (54, 1); πρὸς βουλὴν
ἤ δῆμον, III.3 (54, 12); ἤ κατοικοδομεῖ τι δημόσ-
ιον· III.4 (54, 18); καὶ ἄγουσι μὲν ἑορτὰς διπλασ-
ίους ἤ οἱ ἄλλοι· III.8 (55, 3); ἤ ὥσπερ νῦν ἔχει,
III.8 (55, 5); κατὰ μικρόν τι προσθέντα ἤ ἀφελόντα,
III.9 (55, 11)

ἡγέομαι; καὶ τῶν μὲν πολεμίων ἥττους τε σφᾶς αὐτοὺς ἡγ-
οῦνται εἶναι II.1 (50, 28)

ἡδύς: ὅ τι ἐν Σικελίᾳ ἡδὺ II.7 (51, 24)

ἥκιστα: ὃ ἥκιστα δοκεῖ εὖ ἔχειν Ἀθήνησιν, II.1 (50, 27)

ἡμεῖς: οἵ τινες ἀντίπαλοι ἡμῖν εἰσιν II.12 (52, 10)

ἡμέρα: ἀπελθεῖν πολλῶν ἡμερῶν ὁδόν· II.5 (51, 13)

ἤν: ἤν δὲ μὴ ἐμμένωσι ταῖς συνθήκαις II.17 (53, 2); ἤν
τις ἀργύριον ἔχων προσίῃ πρὸς βουλὴν ἤ δῆμον, III.3
(54, 12)

ἤπειρος: ὁπόσαι δ' ἐν τῇ ἠπείρῳ εἰσὶ πόλεις II.3 (51, 3);
παρὰ πᾶσαν ἤπειρόν ἐστιν ἤ ἀκτὴ προέχουσα ἤ νῆσος προ-

κειμένη ἣ στενόπορόν τι· II.13 (52, 15); λωβᾶσθαι
τοὺς τὴν ἤπειρον οἰκοῦντας. II.13 (52, 16)

ἥττων: καὶ τοῦτο ποιῶν ἧττον ἀπορεῖ II.4 (51, 10); (ἐν
δὲ ταύταις ἧττόν τινα δυνατόν ἐστι διαπράττεσθαι τῶν
τῆς πόλεως) III.2 (54, 4); πολὺ ἧττον <δὲ> δικαίως
δικάζειν. III.7 (55, 1); καὶ τῶν πολεμίων ἥττους τε
σφᾶς αὐτοὺς ἡγοῦνται εἶναι καὶ ὀλείζους, II.1 (50,
28); ἣ ἐπὶ ἥττους αὐτοῦ (sc. ἕως ἂν ἀφίκηται). II.
5 (51, 17)

Ἡφαίστια: διαδικάσαι εἰς Διονύσια καὶ Θαργήλια καὶ Παν-
αθήναια καὶ Προμήθια καὶ Ἡφαίστια ὅσα ἔτη· III.4
(54, 19)

Θ

θαλασσοκράτωρ: οἱ δὲ κρατοῦντες θαλασσοκράτορές εἰσιν. II.
2 (51, 1); εἰ γὰρ νῆσον οἰκοῦντες θαλασσοκράτορες
ἦσαν ᾿Αθηναῖοι, II.14 (52, 18)

θάλαττα: ἡ γὰρ θάλαττα ἐν τῷ μέσῳ, II.2 (51, 1); ἐὰν μὴ
ὑπήκοος ᾖ τῶν ἀρχόντων τῆς θαλάττης. II.3 (51, 7);
τοῖς ἄρχουσι τῆς θαλάττης οἷόν τ᾿ ἐστί ποιεῖν, II.4
(51, 7); ὥστε ἐκ τῆς εὐθενούσης (sc. γῆς) ἀφικνεῖται
τοῖς τῆς θαλάττης ἄρχουσιν, II.6 (51, 20); διὰ τὴν
ἀρχὴν τῆς θαλάττης II.7 (51, 23) = II.7 (51, 26);
ἐὰν μὴ πείσῃ τοὺς ἄρχοντας τῆς θαλάττης; II.11 (52,
5) = II.11 (52, 7); ὥστε ἔξεστιν ἐνταῦθα ἐφορμοῦσι
τοῖς τῆς θαλάττης ἄρχουσι λωβᾶσθαι τοὺς τὴν ἤπειρον
οἰκοῦντας. II.13 (52, 17); ἕως τῆς θαλάττης ἦρχον,
II.14 (52, 20); ἢ οὐ χρήσονται τῇ θαλάττῃ. II.12
(52, 10); τοῖς δὲ κατὰ θάλατταν ἀρχομένοις, II.2
(50, 33); τοῖς μὲν κατὰ θάλατταν ἄρχουσιν οἷόν τ᾿
ἀποπλεῦσαι II.5 (51, 11); οἱ δὲ κατὰ θάλατταν (sc.
κράτιστοι) II.6 (51, 19); ἐκ τῆς γῆς πάντα ταῦτα
ἔχω διὰ τὴν θάλατταν, II.12 (52, 11); πιστεύοντες τῇ
ἀρχῇ τῇ κατὰ θάλατταν, II.16 (52, 32)

Θαργήλια: διαδικάσαι εἰς Διονύσια καὶ Θαργήλια καὶ Πανα-
αθήναια καὶ Προμήθια καὶ ῾Ηφαίστια ὅσα ἔτη· III.4

(54, 19)

θαυμάζω: εἰ δέ τις καὶ τοῦτο θαυμάζει I.11 (49, 29); ὃ
    ἔνιοι θαυμάζουσιν I.4 (47, 21)

θαυμαστός: ἆρα δή τι θαυμαστόν ἐστιν III.2 (54, 10)

θέσις: πολλὰ δὲ περὶ νόμων θέσεως, III.2 (54, 8)

θυσία: θυσίας δὲ καὶ ἱερὰ καὶ ἑορτὰς καὶ τεμένη, II.9
    (51, 29)

θύω: θύουσιν οὖν δυμοσίᾳ μὲν ἡ πόλις ἱερεῖα πολλά· II.9
    (51, 32); οὐχ οἷόν τέ ἐστιν ἑκάστῳ τῶν πενήτων θύειν
    II.9 (51, 31)

ἴδιος: οἱ μὲν Ἕλληνες ἰδίᾳ μᾶλλον καὶ φωνῇ καὶ διαίτῃ
  καὶ σχήματι χρῶνται, II.8 (51, 28); καὶ γυμνάσια
  καὶ λουτρὰ καὶ ἀποδυτήρια τοῖς μὲν πλουσίοις ἐστὶν
  ἰδίᾳ ἐνίοις, II.10 (51, 35); ὁ δὲ δῆμος αὐτὸς αὐτῷ
  οἰκοδομεῖται ἰδίᾳ παλαίστρας πολλάς, II.10 (51, 35);
  ἰδίᾳ δὲ κελεύουσιν (sc. κωμῳδεῖν) II.18 (53, 11)

ἱερεῖον: θύουσιν οὖν δημοσίᾳ μὲν ἡ πόλις ἱερεῖα πολλά,
  II.9 (51, 33); ἔστι δὲ ὁ δῆμος ὁ εὐωχούμενος καὶ
  διαλαγχάνων τὰ ἱερεῖα. II.9 (51, 34)

ἱερός: καὶ νεωρίων ἐπιμεληθῆναι καὶ ἱερῶν; III.2 (54,
  10); θυσίας δὲ καὶ ἱερὰ καὶ ἑορτὰς καὶ τεμένη, II.
  9 (51, 30); οὐχ οἷόν τέ ἐστιν ἑκάστῳ τῶν πενήτων...
  ἵστασθαι ἱερὰ II.9 (51, 31)

ἱκανός: πᾶσι διαπράξαι ἡ πόλις τῶν δεομένων οὐχ ἱκανή,
  III.3 (54, 16)

ἵνα: ἵνα +λαμβάνων μὲν πράττῃ+ τὰς ἀποφοράς, I.11 (48,
  32); ἵνα αὐτός τε ἔχῃ I.13 (49, 12); ἵνα μὴ αὐτοὶ
  ἀκούωσι κακῶς· II.18 (53, 11)

ἱππαρχία: (οὔτε τῶν στρατηγιῶν οἴονται σφίσι χρῆναι μετ-
  εῖναι οὔτε τῶν ἱππαρχιῶν) I.3 (47, 18)

ἰσηγορία: ἰσηγορίαν καὶ τοῖς δούλοις πρὸς τοὺς ἐλευθέρους
  ἐποιήσαμεν, I.12 (49, 2); καὶ τοῖς μετοίκοις εἰκό-

τως τὴν ἰσηγορίαν ἐποιήσαμεν. I.12 (49, 5)

ἴσος: ὡς ἐχρῆν αὐτοῖς μὴ ἐᾶν λέγειν πάντας ἐξ ἴσης μηδὲ
βουλεύειν, I.6 (48, 4); ἀλλ' ἐγὼ μὲν τίθημι ἴσας
τῇ ὀλιγίστας ἀγούσῃ πόλει. III.8 (55, 4)

ἵστημι: οὐχ οἷόν τέ ἐστιν ἐκάστῳ τῶν πενήτων...ἵστασθαι
ἱερά II.9 (51, 31)

ἰσχυρός: ἰσχυρὸν τὸ ἐναντίον σφίσιν αὐτοῖς καθιστᾶσιν
οἱ δημοτικοί. I.4 (47, 26)

ἰσχύς: ἰσχύς ἐστιν αὕτη Ἀθηναίων, I.15 (49, 23)

ἰσχύω: αὐτὸς ἀπὸ τούτου ἰσχύει ὁ δῆμος I.8 (48, 17); εἰ
δὲ ἰσχύσουσιν οἱ πλούσιοι καὶ οἱ χρηστοὶ ἐν ταῖς πόλ-
εσιν, I.14 (49, 17)

Ἰταλία: ἣ ἐν Ἰταλίᾳ II.7 (51, 24)

71.

K

κάθημαι: εἶτ' οἴκοι καθήμενοι Ι.16 (50, 1); ἐνίοτε οὐκ
ἔστιν αὐτόθι χρηματίσαι τῇ βουλῇ οὐδὲ τῷ δήμῳ ἐνι-
αυτὸν καθημένῳ ἀνθρώπῳ· ΙΙΙ.1 (53, 32)

καθίστημι: ἰσχυρὸν τὸ ἐναντίον σφίσιν αὐτοῖς καθιστᾶσιν
οἱ δημοτικοί. Ι.4 (47, 27); οἱ σύμμαχοι δοῦλοι τῶν
'Αθηναίων καθεστᾶσι μᾶλλον. Ι.18 (50, 18); καὶ τρι-
ήραρχοι καθίστανται τετρακόσιοι ἑκάστου ἐνιαυτοῦ, ΙΙΙ.
4 (54, 20); τὸ δὲ ὁπλιτικὸν αὐτοῖς...οὕτω καθέστηκεν
ΙΙ.1 (50, 28); κατὰ τύχην τι αὐτοῖς τοιοῦτον καθέσ-
τηκε ΙΙ.2 (50, 31); οἵ δ' ἐντεῦθεν ἐπὶ τριήρεσι
κατέστησαν· Ι.20 (50, 25); καὶ φύλακες δεσμωτῶν κατ-
αστῆσαι. ΙΙΙ.4 (54, 23)

καί: καὶ τἆλλα διαπράττονται Ι.1 (47, 5); καὶ οἱ πένητες
καὶ ὁ δῆμος ΙΙ.2 (47, 7); τῶν γενναίων καὶ τῶν πλουσ-
ίων ΙΙ.2 (47, 7); ὁ ἐλαύνων τὰς ναῦς καὶ ὁ τὴν δύνα-
μιν περιτιθεὶς τῇ πόλει, Ι.2 (47, 9); καὶ οἱ κυβερ-
νῆται καὶ οἱ κελευσταὶ καὶ οἱ πεντηκόνταρχοι καὶ οἱ
πρῳρᾶται καὶ οἱ ναυπηγοί, Ι.2 (47, 9 - 10); μετ-
εῖναι ἔν τε τῷ κλήρῳ καὶ ἐν τῇ χειροτονίᾳ Ι.2 (47,
14); καὶ λέγειν ἐξεῖναι Ι.2 (47, 14); χρησταὶ οὖσαι
καὶ μὴ χρησταὶ Ι.3 (47, 15); μισθοφορίας ἕνεκα καὶ
ὠφελείας εἰς τὸν οἴκον, Ι.3 (47, 20); πλέον νέμουσι

τοῖς πονηροῖς καί πένησι καί δημοτικοῖς I.4 (47,

22); οἱ μὲν γὰρ πένητες καί οἱ δημοτικοί καί οἱ

χείρους εὖ πράττοντες καί πολλοί οἱ τοιοῦτοι γιγνό-

μενοι I.4 (47, 23 - 24); οἱ πλούσιοι καί οἱ χρηστοί,

I.4 (47, 26); ἀκολασία τε ὀλιγίστη καί ἀδικία, I.5

(47, 28); ἀμαθία τε πλείστη καί ἀταξία καί πονηρία·

I.5 (48, 1); καί ἡ ἀπαιδευσία καί ἡ ἀμαθία I.5 (48,

3); τοὺς δεξιωτάτους καί ἄνδρας ἀρίστους· I.6 (48,

5); οἳ δὲ καί ἐν τούτῳ ἄριστα βουλεύονται I.6 (48,

5); ἐῶντες καί τοὺς πονηροὺς λέγειν. I.6 (48, 6);

ἔλεγον καί ἐβουλεύοντο, I.6 (48, 7); αὐτῷ τε καί

τοῖς ὁμοίοις αὐτῷ. I.6 (48, 9); ἡ τούτου ἀμαθία καί

πονηρία καί εὔνοια I.7 (48, 11); ἡ τοῦ χρηστοῦ ἀρ-

ετή καί σοφία καί κακόνοια. I.7 (48, 12); ἐλεύθερος

εἶναι καί ἄρχειν, I.8 (48, 15); ἰσχύει ὁ δῆμος καί

ἐλεύθερός ἐστιν. I.8 (48, 17); καί βουλεύσουσιν οἱ

χρηστοί I.9 (48, 19); καί οὐκ ἐάσουσι μαινομένους

ἀνθρώπους βουλεύειν I.9 (48, 20); τῶν δούλων δ' αὖ

καί τῶν μετοίκων I.10 (48, 23); καί οὔτε πατάξαι

ἔξεστιν I.10 (48, 24); οἱ δοῦλοι καί οἱ μέτοικοι,

I.10 (48, 28); καί τὰ εἴδη οὐδὲν βελτίους εἰσίν. I.

10 (48, 28); καί μεγαλοπρεπῶς διαιτᾶσθαι ἐνίους, I.

11 (48, 30); καί τοῦτο γνώμῃ φανεῖεν ἂν ποιοῦντες,

I,11 (48, 30); καί ἐλευθέρους ἀφιέναι· I.11 (48, 33);

κινδυνεύει καί τὰ χρήματα διδόναι τὰ ἑαυτοῦ I.11 (49, 1);

ἰσηγορίαν καὶ τοῖς δούλοις Ι.12 (49, 2); καὶ τοῖς
μετοίκοις πρὸς τοὺς ἀστούς, Ι.12 (49, 4); καὶ διὰ
τὸ ναυτικόν· Ι.12 (49, 4); καὶ τοῖς μετοίκοις Ι.
12 (49, 5); καὶ τὴν μουσικὴν ἐπιτηδεύοντας Ι.13
(49, 6); καὶ ἐν ταῖς χορηγίαις αὖ καὶ γυμνασιαρχί-
αις καὶ τριηραρχίαις Ι.13 (49, 8); καὶ γυμνασιαρχ-
οῦσιν οἱ πλούσιοι Ι.13 (49, 10); καὶ τριηραρχοῦσιν
Ι.13 (49, 10) (C only); ὁ δὲ δῆμος τριηραρχεῖται
καὶ γυμνασιαρχεῖται. Ι.13 (49, 10); καὶ ᾄδων καὶ
τρέχων καὶ ὀρχούμενος καὶ πλέων ἐν ταῖς ναυσίν, Ι.
11 (49, 11 - 12); (sc. ἵνα) καὶ οἱ πλούσιοι πεν-
έστεροι γίγνωνται· Ι.13 (49, 12); καὶ μισοῦσι τοὺς
χρηστούς, Ι.14 (49, 16); οἱ πλούσιοι καὶ χρηστοὶ
Ι.14 (49, 18); καὶ χρήματα ἀφαιροῦνται Ι.14 (49,
19); καὶ ἐξελαύνονται καὶ ἀποκτείνουσι, Ι.14 (49,
20); καὶ ἐργάζεσθαι ἀδυνάτους ὄντας ἐπιβουλεύειν,
Ι.15 (49, 26); δοκεῖ δὲ ὁ δῆμος...καὶ ἐν τῷδε κακῶς
βουλεύεσθαι, Ι.16 (49, 27); καὶ τοὺς μὲν τοῦ δήμου
σῴζουσι, Ι.16 (50, 2); τούς τε στρατηγοὺς καὶ τοὺς
τριηράρχους καὶ πρέσβεις· Ι.18 (50, 12); δίκην
δοῦναι καὶ λαβεῖν Ι.18 (50, 15); καὶ ἀντιβολῆσαι
ἀναγκάζεται Ι.18 (50, 16); καὶ εἰσιόντος του ἐπι-
λαμβάνεσθαι τῆς χειρός, Ι.18 (50, 16); καὶ διὰ
τὰς ἀρχὰς τὰς εἰς τὴν ὑπερορίαν Ι.19 (50, 19);
αὐτοί τε καὶ οἱ ἀκόλουθοι· Ι.19 (50, 21); καὶ
αὐτὸν καὶ τὸν οἰκέτην Ι.19 (50, 22); καὶ ὀνόματα

μαθεῖν I.19 (50, 22); καί κυβερνῆται ἀγαθοί γίγ-
νονται I.20 (50, 23); καί διά μελέτην· I.20 (50,
24); τῶν μέν πολεμίων ἥττους τε σφᾶς αὐτούς ἡγ-
οῦνται εἶναι καί ὀλείζους, II.1 (50, 28 - 29);
καί κατά γῆν κράτιστοί εἰσι, II.1 (50, 29); καί
νομίζουσι τό ὁπλιτικόν ἀρκεῖν II.1 (50, 30); καί
κατά τύχην τι αὐτοῖς τοιοῦτον καθέστηκε· II.2 (50,
31); εἰ δ' οἷόν τε καί λαθεῖν II.2 (51, 2); καί
τοῦτο ποιῶν ἧττον ἀπορεῖ II.4 (51, 10); καί σῖτον
οὐχ οἷόν τε ἔχειν II.5 (51, 14); καί τόν μέν πεζῇ
ἰόντα II.5 (51, 15); Εἰ δέ δεῖ καί σμικροτέρων μνησ-
θῆναι, II.7 (51, 22); καί οἱ μέν Ἕλληνες II.8
(51, 27); καί φωνῇ καί διαίτῃ καί σχήματι χρῶνται,
II.8 (51, 28); ἐξ ἁπάντων τῶν Ἑλλήνων καί βαρβάρων.
II.8 (51, 29); θυσίας δέ καί ἱερά καί ἑορτάς καί τεμ-
ένη, II.9 (51, 30); θύειν καί εὐωχεῖσθαι καί ἱστᾶσ-
θαι ἱερά καί πόλιν οἰκεῖν καλήν καί μεγάλην, II.9
(51, 31); ἔστι δέ ὁ δῆμος ὁ εὐωχούμενος καί δια-
λαγχάνων τά ἱερεῖα. II.9 (51, 33); καί γυμνάσια
καί λουτρά καί ἀποδυτήρια II.10 (51, 34); καί
πλείω τούτων ἀπολαύει ὁ ὄχλος II.10 (52, 1); τῶν
Ἑλλήνων καί τῶν βαρβάρων, II.11 (52, 3); ἐξ αὐτῶν
μέντοι τούτων καί δή νῆές μοί εἰσι, II.11 (52, 7);
καί ἐγώ μέν οὐδέν ποιῶν II.12 (52, 10); ξύλα καί
λίνον, II.12 (52, 12); λεία χώρα καί ἄξυλος· II.
12 (52, 13); χάλκος καί σίδηρος II.12 (52, 13);

οἱ γεωργοῦντες καὶ πλούσιοι II.14 (52, 21); ἀ-
δεῶς ζῇ καὶ οὐχ ὑπερχόμενος αὐτούς. II.14 (52, 23);
καὶ ἑτέρου δέους ἀπηλλαγμένοι ἂν ἦσαν, II.15 (52,
24); καὶ ταῦτα ἂν ἀδεῶς εἶχεν αὐτοῖς. II.15 (52,
29); συμμαχίας καὶ τοὺς ὅρκους ταῖς μὲν ὀλιγαρχου-
μέναις πόλεσιν II.17 (53, 1); τῷ λέγοντι καὶ τῷ ἐπι-
ψηφίσαντι, II.17 (53, 4); καὶ εἰ μὴ δόξαι εἶναι
ταῦτα, II.17 (53, 6); καὶ ἂν μέν τι κακὸν ἀναβαίνῃ
II.17 (53, 7); κωμῳδεῖν δ᾽ αὖ καὶ κακῶς λέγειν II.
18 (53, 10); τῶν πενήτων καὶ τῶν δημοτικῶν II.18
(53, 14); καὶ οὐδ᾽ οὗτοι II.18 (53, 14); ἐὰν μὴ
διὰ πολυπραγμοσύνην καὶ διὰ τὸ ζητεῖν πλέον τι ἔχειν
τοῦ δήμου, II.18 (53, 15); οἵτινες χρηστοί εἰσι τῶν
πολιτῶν καὶ οἵτινες πονηροί, II.19 (53, 18); τοὺς
μὲν σφίσιν αὐτοῖς ἐπιτηδείους καὶ συμφόρους II.19
(53, 19); κἂν πονηροὶ ὦσι, II.19 (53, 19); καὶ
τοὐναντίον γε τούτου II.19 (53, 21); καὶ ἔγνω ὅτι
μᾶλλον οἷόν τε διαλαθεῖν II.20 (53, 25); καὶ περὶ
τῆς ᾿Αθηναίων πολιτείας III.1 (53, 27); καὶ τάδε
τινὰς ὁρῶ μεμφομένους ᾿Αθηναίους III.1 (53, 31);
καὶ τοῦτο ᾿Αθήνησι γίγνεται III.1 (54, 1); πῶς γὰρ
ἂν καὶ οἷοί τέ εἶεν, III.2 (54, 3); δίκας καὶ γραφὰς
καὶ εὐθύνας III.2 (54, 5 - 6); πολλὰ δὲ καὶ τοῖς
συμμάχοις, III.2 (54, 9); καὶ φόρον δέξασθαι III.2
(54, 9); καὶ νεωρίων ἐπιμεληθῆναι καὶ ἱερῶν; III.2
(54, 10); καὶ ἔτι ἂν πλείω διαπράττεσθαι III.3

76.

(54, 14); χρυσίον καί άργύριον III.3 (54, 16); δεῖ
δὲ καὶ τάδε διαδικάζειν, III.4 (54, 17); εἰς Διον-
ύσια καὶ Θαργήλια καὶ Παναθήναια καὶ Προμήθια καὶ
Ἡφαίστια III.4 (54, 19); καὶ τριήραρχοι καθίστανται
III.4 (54, 20); καὶ τούτων τοῖς βουλομένοις διαδικ-
άσαι III.4 (54, 20); ἀρχὰς δοκιμάσαι καὶ διαδικάσαι
III.4 (54, 22); καὶ ὀρφανοὺς δοκιμάσαι III.4 (54,
22); καὶ φύλακας δεσμωτῶν καταστῆναι. III.4 (54,
22); καὶ ἐάν τι ἄλλο ἐξαπιναῖον ἀδίκημα γίγνηται,
III.5 (54, 24); ὥστε καὶ διασκευάσασθαι ῥᾴδιον ἔσται
πρὸς ὀλίγους δικαστὰς καὶ συνδεκάσαι, III.7 (54, 34);
οἴεσθαι χρὴ καὶ ἑορτὰς ἄγειν χρῆναι Ἀθηναίους. III.8
(55, 2); καὶ ἄγουσι μὲν ἑορτὰς III.8 (55, 3); Δοκ-
οῦσι δὲ Ἀθηναῖοι καὶ τοῦτό μοι οὐκ ὀρθῶς βουλεύεσθαι
III.10 (55, 12); ἐπεί τοι καὶ οὕτως ἔχει, III.12 (55,
27)

κακόνοια: ἡ τοῦ χρηστοῦ ἀρετὴ καὶ σοφία καὶ κακόνοια. I.
7 (48, 12)

κακονομία: τῆς δὲ κακονομίας αὐτῷ ὀλίγον μέλει· I.8 (48,
16)

κακός: καὶ ἂν μέν τι κακὸν ἀναβαίνῃ II.17 (53, 7); ἀλλ'
ἐπὶ τῷ κακῷ· II.19 (53, 21); ἔγνω ὅτι μᾶλλον οἷόν τε
διαλαθεῖν κακῷ ὄντι ἐν δημοκρατουμένῃ πόλει II.20
(53, 26); ἀλλὰ τὸ κάκιστον ἐν ἑκάστῃ ἐστὶ πόλει

εὔνουν τῷ δήμῳ· III.10 (55, 16)

κακῶς: δοκεῖ δὲ ὁ δῆμος...καὶ ἐν τῷδε κακῶς βουλεύεσθαι,
I.16 (49, 27); ὑπῆρχεν ἂν αὐτοῖς ποιεῖν μὲν κακῶς,
II.14 (52, 19); κωμῳδεῖν δ᾽ αὖ καὶ κακῶς λέγειν τὸν
μὲν δῆμον οὐκ ἐῶσιν, II.18 (53, 10); ἵνα μὴ αὐτοὶ
ἀκούωσι κακῶς· II.18 (53, 11)

καλός: πόλιν οἰκεῖν καλὴν καὶ μεγάλην, II.9 (51, 32);
νομίζων τοῦτο +οὐ καλὸν εἶναι...+ I.13 (49, 7)

καρπός: νόσους τῶν καρπῶν, αἳ ἐκ Διός εἰσιν, οἱ μὲν κατὰ
γῆν κράτιστοι χαλεπῶς φέρουσιν II.6 (51, 18)

κατά: καὶ κατὰ γῆν κράτιστοί εἰσι, II.1 (50, 29); κατὰ
τύχην τι II.2 (50, 31); τοῖς μὲν κατὰ γῆν ἀρχομέν-
οις II.2 (50, 32); τοῖς δὲ κατὰ θάλατταν ἀρχομένοις,
II.2 (50, 33); τοῖς μὲν κατὰ θάλατταν ἄρχουσιν II.5
(51, 11); τοῖς δὲ κατὰ γῆν (sc. ἄρχουσι) II.5 (51,
13); οἱ μὲν κατὰ γῆν κράτιστοι II.6 (51, 18); οἱ
δὲ κατὰ θάλατταν (sc. κράτιστοι) II.6 (51, 19); ὡς
κατὰ γῆν ἐπαξόμενοι· II.15 (52, 32); περὶ τῶν κατὰ
πόλιν ἀεὶ γιγνομένων, III.2 (54, 8); κατὰ μικρόν τι
III.8 (55, 6) = III.9 (55, 11)

κατακόπτω: τὸν δῆμον κατέκοψαν· III.11 (55, 21)

καταλύω: τοὺς δὲ γυμναζομένους αὐτόθι καὶ τὴν μουσικὴν

ἐπιτηδεύοντας κατελέλυκεν ὁ δῆμος I.13 (49, 7)

καταπίπτω: τάχιστ' ἂν ὁ δῆμος εἰς δουλείαν καταπέσοι. I. 9 (48, 22)

καταστρέφω: Λακεδαιμόνιοι καταστρεψάμενοι Μεσσηνίους ἐπολέμουν Ἀθηναίους. III.11 (55, 23)

κατοικοδομέω: κατοικοδομεῖ τι δημόσιον· III.4 (55, 18)

κελευστής: καὶ οἱ κυβερνῆται καὶ οἱ κελευσταὶ καὶ οἱ πεντηκόνταρχοι καὶ οἱ πρῳρᾶται καὶ οἱ ναυπηγοί, I.2 (47, 10)

κελεύω: ἰδίᾳ δὲ κελεύουσιν (sc. κωμῳδεῖν), II.18 (53, 11)

κεράννυμι: Ἀθηναῖοι δὲ κεκραμένῃ ἐξ ἁπάντων τῶν Ἑλλήνων καὶ βαρβάρων (sc. χρῶνται). II.8 (51, 29)

κερδαίνω: ὁ δῆμος τῶν Ἀθηναίων τάδε κερδαίνει I.17 (50, 6)

κηρός: παρὰ δὲ τοῦ κηρός. II.11 (52, 9)

κῆρυξ: οἱ κήρυκες ἄμεινον πράττουσι διὰ τὰς ἐπιδημίας τὰς τῶν συμμάχων. I.17 (50, 9)

κινδυνεύω: ὥστε μὴ κινδυνεύειν περὶ ἑαυτοῦ. I.11 (49, 1); κινδυνεύσει καὶ τὰ χρήματα διδόναι τὰ ἑαυτοῦ I.11 (49, 1)

κίνδυνος: ἔπειτα ὁπόσαι μὲν σωτηρίαν φέρουσι τῶν ἀρχῶν

χρησταί οὖσαι καί μὴ χρησταί κίνδυνον τῷ δήμῳ ἅπαντι,
I.3 (47, 16)

κλῆρος: δοκεῖ δίκαιοι εἶναι πᾶσι τῶν ἀρχῶν μετεῖναι ἔν τε
τῷ κλήρῳ καί ἐν τῇ χειροτονίᾳ I.2 (47, 13); (οὔτε
τῶν στρατηγιῶν κλήρῳ οἴονται σφίσι χρῆναι μετεῖναι
οὔτε τῶν ἱππαρχιῶν) I.3 (47, 17)

κολάζω: ἔπειτα κολάσουσι οἱ χρηστοί τοὺς πονηροὺς I.9
(48, 19)

κολακεύω: νῦν δ᾽ ἠνάγκασται τὸν δῆμον κολακεύειν τὸν
᾽Αθηναίων εἷς ἕκαστος τῶν συμμάχων, I.18 (50, 13)

κρατέω: οἱ δὲ κρατοῦντες θαλασσοκράτορές εἰσιν. II.2
(51, 1)

κράτιστος: καί κατά γῆν κράτιστοί εἰσι, II.1 (50, 30);
νόσους τῶν καρπῶν...οἱ μὲν κατά γῆν κράτιστοι
χαλεπῶς φέρουσιν, II.6 (51, 19)

κρείττων: οὗ μὲν ἂν ᾖ κρείττων, II.5 (51, 16); εἰ τῶν
συμμάχων κρείττονές εἰσι II.1 (50, 31); τέμνειν τὴν
γῆν τῶν κρειττόνων· II.4 (51, 8)

κτῆσις: διά τὴν κτῆσιν τὴν ἐν τοῖς ὑπερορίοις I.19 (50,
19)

κυβερνάω: οἳ μὲν πλοῖον κυβερνῶντες, οἳ δὲ ὁλκάδες, I.
20 (50, 24)

80.

κυβερνήτης: καί οἱ κυβερνῆται καί οἱ κελευσταί καί οἱ
πεντηκόνταρχοι καί οἱ πρῳρᾶται καί οἱ ναυπηγοί, I.
2 (47, 10); καί κυβερνῆται ἀγαθοί γίγνονται I.20
(50, 23)

Κύπρος: ἡ ἐν Κύπρῳ II.7 (51, 24)

κωμῳδέω: ὀλίγοι δέ τινες τῶν πενήτων καί τῶν δημοτικῶν
κωμῳδοῦνται II.18 (53, 14); κωμῳδεῖν δ' αὖ καί κακ-
ῶς λέγειν τόν μέν δῆμον οὐκ ἐῶσιν, II.18 (53, 10);
εὖ εἰδότες ὅτι οὐχί τοῦ δήμου ἐστίν οὐδέ τοῦ πλήθους
ὁ κωμῳδούμενος II.18 (53, 13); ὥστε οὐδέ τούς τοι-
ούτους ἄχθονται κωμῳδουμένους. II.18 (53, 16)

κώπη: λελήθασι μανθάνοντες ἐλαύνειν τῇ κώπῃ I.19 (50,
20); ἀνάγκη γάρ ἄνθρωπον πολλάκις πλέοντα κώπην
λαβεῖν I.19 (50, 22)

Λ

Λακεδαιμόνιος: Λακεδαιμόνιοι καταστρεψάμενοι Μεσσηνίους
ἐπολέμουν Ἀθηναίους. III.11 (55, 23); τοῦτο δὲ
ὅτε εἵλοντο Λακεδαιμονίους ἀντὶ Μεσσηνίων, III.11
(55, 22)

Λακεδαίμων: ἐν δὲ τῇ Λακεδαίμονι, I.11 (48, 35)

λαμβάνω: ἵνα +λαμβάνων μὲν πράττῃ+ I.11 (48, 32); ἀξι-
οῖ γοῦν ἀργύριον λαμβάνειν ὁ δῆμος I.13 (49, 11);
τὸν μισθὸν δι' ἐνιαυτοῦ λαμβάνειν. I.16 (50, 1);
δεῖ ἀφικόμενον Ἀθήναζε δίκην δοῦναι καὶ λαβεῖν I.18
(50, 15); ἀνάγκη γὰρ ἄνθρωπον πολλάκις πλέοντα κώπην
λαβεῖν I.19 (50, 22)

λανθάνω: εἰ δ' οἷόν τε καὶ λαθεῖν συνελθοῦσιν εἰς ταὐτὸ
ταῖς νησιώταις II.2 (51, 2); λελήθασι μανθάνοντες
ἐλαύνειν τῇ κώπῃ I.19 (50, 20)

λέγω: λέγουσι δέ τινες· III.2 (54, 11); καὶ λέγειν ἐξ-
εῖναι τῷ βουλομένῳ τῶν πολιτῶν. I.2 (47, 14); ὡς
ἐχρῆν αὐτοὺς μὴ ἐᾶν λέγειν πάντας ἐξ ἴσης μηδὲ βουλ-
εύειν, I.6 (48, 5); ἐῶντες καὶ τοὺς πονηροὺς λέγειν.
I.6 (48, 6): καὶ οὐκ ἐάσουσι μαινομένους ἀνθρώπους
βουλεύειν οὐδὲ λέγειν οὐδὲ ἐκκλησιάζειν. I.9 (48,
21); κωμῳδεῖν δ' αὖ καὶ κακῶς λέγειν τὸν μὲν δῆμον

82.

οὐκ ἐῶσιν, ΙΙ.18 (53, 10); μηδὲ λέγειν τὰ δίκαια
ΙΙΙ.13 (55, 30); νῦν δὲ λέγων ὁ βουλόμενος ἀναστὰς
Ι.6 (48, 8); ἑνὶ ἀνατιθέντι τὴν αἰτίαν τῷ λέγοντι
καὶ τῷ ἐπιψηφίσαντι, ΙΙ.17 (53, 4); εἰ μὲν γὰρ οἱ
χρηστοὶ ἔλεγον καὶ ἐβουλεύοντο, Ι.6 (48, 7)

λεῖος: ὅπου λίνον ἐστὶ πλεῖστον, λεῖα χώρα καὶ ἄξυλος· ΙΙ.
12 (52, 13)

λιμός: ἀπολοῦνται λιμῷ· ΙΙ.2 (51, 3)

λίνον: παρὰ δὲ τοῦ λίνον, ΙΙ.11 (52, 8); οὐδ᾽ ἐστὶ τῇ
αὐτῇ ξύλα καὶ λίνον, ΙΙ.2 (52, 12); ὅπου λίνον
ἐστὶ πλεῖστον, λεῖα χώρα καὶ ἄξυλος· ΙΙ.12 (52, 12);
τί δ᾽ εἴ τις σιδήρῳ ἢ χαλκῷ ἢ λίνῳ πλουτεῖ πόλις (;)
ΙΙ.11 (52, 6)

λογίζομαι: ταῦτα χρὴ λογιζόμενον μὴ νομίζειν εἶναί τι
δεινὸν ΙΙΙ.13 (55, 31)

λουτρόν: καὶ γυμνάσια καὶ λουτρὰ καὶ ἀποδυτήρια τοῖς μὲν
πλουσίοις ἐστὶν ἰδίᾳ ἐνίοις, ΙΙ.10 (51, 34)

λουτρών: ὁ δὲ δῆμος αὐτὸς αὑτῷ οἰκοδομεῖται ἰδίᾳ παλαίστρας
πολλάς, ἀποδυτήρια, λουτρῶνας· ΙΙ.10 (52, 1)

Λυδία: ἢ ἐν Λυδίᾳ ΙΙ.7 (51, 25)

λυσιτελέω: ἢ τούτου ἀμαθία καὶ πονηρία καὶ εὔνοια μᾶλλον
λυσιτελεῖ ἢ ἡ τοῦ χρηστοῦ ἀρετὴ καὶ σοφία καὶ κακο-

νοία. I.7 (48, 120; οὐκέτι ἐνταῦθα λυσιτελεῖ τὸν
ἐμὸν δοῦλον σὲ δεδιέναι· I.11 (48, 34)

λωβάω: λωβᾶσθαι τοὺς τὴν ἤπειρον οἰκοῦντας. II.13 (52, 17)

M

μαίνομαι: καὶ οὐκ ἐάσουσι μαινομένους ἀνθρώπους βουλεύειν
οὐδὲ λέγειν οὐδὲ ἐκκλησιάζειν, I.9 (48, 20)

μάλα: πολὺ μᾶλλον ἢ οἱ ὁπλῖται I.2 (47, 12); ἥ τε γὰρ
πενία αὐτοὺς μᾶλλον ἄγει ἐπὶ τὰ αἰσχρά, I.5 (48, 2);
μᾶλλον λυσιτελεῖ ἢ ἡ τοῦ χρηστοῦ ἀρέτη I.7 (48, 12);
οὐ τοῦ δικαίου αὐτοῖς μᾶλλον μέλει ἢ τοῦ αὐτοῖς συμ-
φόρου. I.13 (49, 14); οἱ σύμμαχοι δοῦλοι τοῦ δήμου
τῶν Ἀθηναίων καθεστᾶσι μᾶλλον. I.18 (50, 18); οἱ
μὲν Ἕλληνες ἰδίᾳ μᾶλλον καὶ φωνῇ καὶ διαίτῃ καὶ σχή-
ματι χρῶνται, II.8 (51, 28); ὑπέρχονται τοὺς πολεμ-
ίους μᾶλλον, II.14 (52, 22); τοὺς δὲ χρηστοὺς μισ-
οῦσι μᾶλλον· II.19 (53, 20); εἵλετο ἐν δημοκρατ-
ουμένῃ πόλει οἰκεῖν μᾶλλον ἢ ἐν ὀλιγαρχουμένῃ. II.
20 (53, 26); ἀλλ' ἡ δημοκρατία μάλιστ' ἂν σῴζοιτο
οὕτως. I.8 (48, 14); οἵτινες φίλοι μάλιστα ἦσαν
Ἀθηναίων τῷ δήμῳ. I.16 (50, 5)

μανθάνω: λελήθασι μανθάνοντες ἐλαύνειν τῇ κώπῃ I.19 (50,
20); καὶ ὀνόματα μαθεῖν τὰ ἐν τῇ ναυτικῇ· I.19 (50,
22)

μάχομαι: τοῖς μὲν κατὰ γῆν ἀρχομένοις οἷόν τ' ἐστιν ἐκ

μικρῶν πόλεων συνοικισθέντας ἀθρόους μάχεσθαι· II.2
(50, 33); δεῖ διὰ φιλίας ἰέναι ἢ νικᾶν μαχόμενον,
II.5 (51, 15)

μεγαλοπρεπῶς: καὶ μεγαλοπρεπῶς διαιτᾶσθαι ἐνίους (sc.
ἐῶσι), I.11 (48, 30)

μέγας: αἱ μὲν μέγαλαι διὰ δέος ἄρχονται, II.3 (51, 4);
πόλιν οἰκεῖν καλὴν καὶ μεγάλην, II.9 (51, 32); τοῖς
δὲ δημοτικοῖς δοκεῖ μεῖζον ἀγαθὸν εἶναι I.15 (49,
25); γιγνώσκοντες ὅτι εἰ αὐτὴν ἐλεήσουσιν ἑτέρων ἀγ-
αθῶν μειζόνων στερήσονται. II.16 (52, 34); τὸ δὲ
μέγιστον εἴρηται III.5 (54, 26)

μελετάω: ἐμελέτησαν δὲ οἱ μὲν πλοῖον κυβερνῶντες, I.20
(50, 24)

μελέτη: δι᾽ ἐμπειρίαν τε τῶν πλόων καὶ διὰ μελέτην, I.20
(50, 24)

μέλω: τῆς δὲ κακονομίας αὐτῷ ὀλίγον μέλει· I.8 (48, 16);
οὐ τοῦ δικαίου αὐτοῖς μᾶλλον μέλει ἢ τοῦ αὐτοῖς συμ-
φόρου. I.13 (49, 14)

μέμφομαι: καὶ τάδε τινὰς ὁρῶ μεμφομένους Ἀθηναίους III.1
(53, 31)

μέν: ὅτι μὲν εἵλοντο τοῦτον τὸν τρόπον τῆς πολιτείας, I.
1 (47, 1); διὰ μὲν οὖν τοῦτο οὐκ ἐπαινῶ· I.1 (47, 3);

πρῶτον μὲν τοῦτ' ἐρῶ, I.2 (47, 7); ἔπειτα ὁπόσαι

μὲν σωτηρίαν φέρουσι τῶν ἀρχῶν I.3 (47, 13); τούτ-

ων μὲν τῶν ἀρχῶν I.3 (47, 16); οἱ μὲν γὰρ πένητες

I.4 (47, 24); εἰ μὲν γὰρ οἱ χρηστοὶ ἔλεγον καὶ ἐβουλ-

εύοντι, I.6 (48, 6); εἴη μὲν οὖν ἂν πόλις οὐκ ἀπὸ

τοιούτων διαιτημάτων ἡ βελτίστη, I.8 (48, 13);

πρῶτα μὲν ὄψει τοὺς δεξιωτάτους I.9 (48, 18); ἵνα

+λανβάνων μὲν πράττῃ+ τὰς ἀποφοράς, I.11 (48, 32);

χορηγοῦσι μὲν οἱ πλούσιοι, I.13 (49, 9); μισεῖσθαι

μὲν ἀνάγκη τὸν ἄρχοντα ὑπὸ τοῦ ἀρχομένου, I.14 (49,

16); τοὺς μὲν χρηστοὺς ἀτιμοῦσι I.14 (49, 19);

πρῶτον μὲν I.16 (49, 29); καὶ τοὺς μὲν τοῦ δήμου

σῴζουσι, I.16 (50, 2); πρῶτον μὲν γὰρ I.17 (50, 7);

εἰ μὲν μὴ ἐπὶ δίκας ᾖσαν οἱ σύμμαχοι, I.18 (50, 11);

δεῖ μὲν ἀφικόμενον Ἀθήναζε δίκην δοῦναι καὶ λαβεῖν I.

18 (50, 14); οἳ μὲν πλοῖον κυβερνῶντες, I.20 (50, 24);

καὶ τῶν μὲν πολεμίων II.1 (50, 28); τοῖς μὲν κατὰ γῆν

ἀρχομένοις II.2 (50, 32); αἱ μὲν μεγάλαι διὰ δέος

ἄρχονται, II.3 (51, 4); τοῖς μὲν κατὰ θάλατταν ἄρχ-

ουσιν II.5 (51, 11); τὸν μὲν πεζῇ ἰόντα· II.5 (51,

15); οὗ μὲν ἂν ᾖ κρείττων, II.5 (51, 16); οἱ μὲν

κατὰ γῆν κράτιστοι II.6 (51, 18); πρῶτον μὲν τρόπους

εὐωχιῶν ἐξηῦρον II.7 (51, 23); ἐξελέξαντο τοῦτο μὲν

ἐκ τῆς, II.8 (51, 27); οἱ μὲν Ἕλληνες II.8 (51,

27); θύουσιν οὖν δημοσίᾳ μὲν ἡ πόλις ἱερεῖα πολλά·

II.9 (51, 33); τοῖς μὲν πλουσίοις II.10 (51, 35);

παρὰ μὲν τοῦ ξύλα, II.11 (52, 7); καὶ ἐγὼ μὲν οὐδὲν
ποιῶν II.12 (52, 10); τὸ μὲν τῇ, τὸ δὲ τῇ. II.12
(52, 14); ὑπῆρχεν ἂν αὐτοῖς ποιεῖν μὲν κακῶς, II.14
(52, 19); νῦν μὲν γὰρ εἰ στασιάσαιεν, II.15 (52,
28); τὴν μὲν οὐσίαν ταῖς νήσοις παρατίθενται II.16
(52, 31); τοὺς ὅρκους ταῖς μὲν ὀλιγαρχουμέναις πόλ-
εσιν II.17 (53, 1); καὶ ἂν μέν τι κακὸν ἀναβαίνῃ
II.17 (53, 7); κωμῳδεῖν δ' αὖ καὶ κακῶς λέγειν τὸν
μὲν δῆμον II.18 (53, 10); τοὺς μὲν σφίσιν αὐτοῖς ἐπι-
τηδείους II.19 (53, 18); δημοκρατίαν δ' ἐγὼ μὲν αὐτῷ
τῷ δήμῳ συγγιγνώσκω· II.20 (53, 23); αὐτὸν μὲν γὰρ
εὖ ποιεῖν II.20 (53, 23); τὸν μὲν τρόπον οὐκ ἐπ-
αινῶ· III.1 (53, 27); οὕστινας πρῶτον μὲν δεῖ ἑορ-
τάσαι ἑορτὰς III.2 (54, 3); πολλὰ μὲν περὶ τοῦ πολ-
έμου, III.2 (54, 7); ταῦτα μὲν οὖν ὅσα ἔτη. III.4
(54, 23); ἀλλὰ φήσει τις χρῆναι δικάζειν μέν, III.7
(54, 32); καὶ ἄγουσι μὲν ἑορτὰς διπλασίους III.8
(55, 3); ἀλλ' ἐγὼ μὲν τίθημι III.8 (55, 4); ὥστε μὲν
γὰρ βέλτιον ἔχειν τὴν πολιτείαν, III.9 (55, 8); ὥστε
μέντοι ὑπάρχειν μὲν δημοκρατίαν εἶναι, III.9 (55, 9);
εἰ μὲν γὰρ ᾑροῦντο τοὺς βελτίους, III.10 (55, 14)

μέντοι: ἐξ αὐτῶν μέντοι τούτων II.11 (52, 7); τοῦτο μέν-
τοι εὖ οἶδα III.3 (54, 15); ὥστε μέντοι ὑπάρχειν μὲν
δημοκρατίαν εἶναι, III.9 (55, 9); ὀλίγοι μέντοι

τινές. III.12 (55, 25)

μέσος: ἡ γὰρ θάλαττα ἐν τῷ μέσῳ, II.2 (51, 1)

Μεσσήνιος: τοῦτο δὲ ὅτε εἵλοντο Λακεδαιμονίους ἀντὶ Μεσσ-
ηνίων, III.11 (55, 22); Λακεδαιμόνιοι καταστρεψ-
άμενοι Μεσσηνίους ἐπολέμουν ᾿Αθηναίους. III.11 (55,
23)

μετακινέω: πολὺ δ᾿ οὐχ οἷόν τε μετακινεῖν, III.8 (55, 7)

μέτειμι: δοκεῖ δίκαιοι εἶναι πᾶσι τῶν ἀρχῶν μετεῖναι ἔν τε
τῷ κλήρῳ καὶ ἐν τῇ χειροτονίᾳ Ι.2 (47, 13); τούτων
τῶν ἀρχῶν οὐδὲν δεῖται ὁ δῆμος μετεῖναι Ι.3 (47, 17);
(οὔτε τῶν στρατηγιῶν κλήρῳ οἴονται σφίσι χρῆναι μετ-
εῖναι οὔτε τῶν ἱππαρχιῶν) Ι.3 (47, 18)

μέτοικος: ἐσθῆτά τε γὰρ οὐδὲν βελτίων αὐτόθι ὁ δῆμος ἢ
οἱ δοῦλοι καὶ οἱ μέτοικοι, Ι.10 (48, 28); τῶν δούλ-
ων δ᾿ αὖ καὶ τῶν μετοίκων πλείστη ἐστὶν ᾿Αθήνησιν
ἀκολασία Ι.10 (48, 23); διότι δεῖται ἡ πόλις μετ-
οίκων Ι.12 (49, 4); καὶ τοῖς μετοίκοις πρὸς τοὺς
ἀστούς (sc. ἰσηγορία), Ι.12 (49, 3); καὶ τοῖς μετ-
οίκοις εἰκότως τὴν ἰσηγορίαν ἐποιήσαμεν, Ι.12 (49,
5); εἰ νόμος ἦν τὸν δοῦλον ὑπὸ τοῦ ἐλευθέρου τύπτ-
εσθαι ἢ τὸν μέτοικον ἢ τὸν ἀπελεύθερον, Ι.10 (48,
26)

μή: χρησταὶ οὖσαι καὶ μὴ χρησταί Ι.3 (47, 15); πλείω

ὠφελεῖται ἐν τῷ μὴ αὐτὸς ἄρχειν ταύτας τὰς ἀρχάς,
I.3 (47, 19); ὡς ἐχρῆν αὐτοὺς μὴ ἐᾶν λέγειν I.6
(48, 4); ὥστε μὴ κινδυνεύειν περὶ ἑαυτοῦ. I.11
(49, 1); εἰ μὲν μὴ ἐπὶ δίκας ᾖεσαν οἱ σύμμαχοι, I.
18 (50, 11); ἐὰν μὴ ὑπήκοος ᾖ II.3 (51, 6) = II.
11 (52, 6); ἐὰν μὴ πείσῃ II.11 (52, 5); ἢν δὲ μὴ
ἐμμένωσι ταῖς συνθήκαις II.17 (53, 2); καὶ εἰ μὴ
δόξαι εἶναι ταῦτα, II.17 (53, 6); τοῦ μὴ ποιεῖν II.
17 (53, 7); ὅσα ἂν μὴ βούλωνται. II.17 (53, 7); ἵνα
μὴ αὐτοὶ ἀκούωσι κακῶς· II.18 (53, 11); ἐὰν μὴ διὰ
πολυπραγμοσύνην καὶ διὰ τὸ ζητεῖν πλέον τι ἔχειν τοῦ
δήμου, II.18 (53, 15); ὅστις δὲ μὴ ὢν τοῦ δήμου II.
20 (53, 24); (sc. εἰ) μὴ οἷοί τ' εἰσὶ III.2 (54,
11); εἴ τις τὴν ναῦν μὴ ἐπισκευάζει III.4 (54, 17);
ἐὰν μὴ ὀλίγα ποιῶνται δικαστήρια, III.7 (54, 33);
ὥστε μὴ οὐχὶ τῆς δημοκρατίας ἀφαιρεῖν τι. III.8 (55,
7); ἐκ δὲ τοῦ μὴ δικαίως ἄρχειν III.13 (55, 30);
ταῦτα χρὴ λογιζόμενον μὴ νομίζειν εἶναί τι δεινὸν
III.13 (55, 31)

μηδέ: ὡς ἐχρῆν αὐτοὺς μὴ ἐᾶν λέγειν πάντας ἐξ ἴσης μηδὲ
βουλεύειν, I.6 (48, 4); μηδὲ τμηθῆναι τὴν ἑαυτῶν
γῆν II.14 (52, 20); μηδὲ προσδέχεσθαι τοὺς πολεμ-
ίους· II.14 (52, 21); μηδὲ πύλας ἀνοιχθῆναι II.15
(52, 26); μηδὲ πολεμίους ἐπεισπεσεῖν· II.15 (52,
26); μηδ' αὖ στασιάσαι τῷ δήμῳ μηδένα, II.15 (52, 27);

μηδὲ λέγειν τὰ δίκαια <μηδὲ> πράττειν, III.13 (55, 30)

μηδείς: ὅπου ἄν μηδεὶς ᾖ πολέμιος II.4 (51, 9); μηδ' αὖ στασιάσαι τῷ δήμῳ μηδένα, II.15 (52, 27); πάσχειν δὲ μηδέν, II.14 (52, 20)

μηδέποτε: μηδέποτε προδοθῆναι τὴν πόλιν ὑπ' ὀλίγων II.15 (52, 25)

μικρός: αἱ δὲ μικραὶ πάνυ διὰ χρείαν (sc. ἄρχονται)· II. 3 (51, 4); τοῖς μὲν κατὰ γῆν ἀρχομένοις οἷόν τ' ἐστὶν ἐκ μικρῶν πόλεων συνοικισθέντας ἀθρόους μάχεσθαι· II. 2 (50, 32); κατὰ μικρόν τι III.8 (55, 6) = III.9 (55, 11)

Μιλήσιος: τοῦτο δὲ ὅτε Μιλησίων εἵλοντο τοὺς βελτίστους, III.11 (55, 20)

μιμνήσκω: Εἰ δὲ δεῖ καὶ σμικροτέρων μνησθῆναι, II.7 (51, 22)

μισέω: μισοῦσι τοὺς χρηστούς, I.14 (49, 16); τοὺς δὲ χρηστοὺς μισοῦσι μᾶλλον· II.19 (53, 20); μισεῖσθαι μὲν ἀνάγκη τὸν ἄρχοντα ὑπὸ τοῦ ἀρχομένου, I.14 (49, 16)

μισθός: τὸν μισθὸν δι' ἐνιαυτοῦ λαμβάνειν. I.16 (50, 1)

μισθοφορέω: εἴ τῳ ζεῦγός ἐστιν ἢ ἀνδράποδον μισθοφοροῦν· I.17 (50, 9)

μισθοφορία: ὁπόσαι δ᾽ εἰσὶν ἀρχαὶ μισθοφορίας ἕνεκα καὶ
ὠφελείας εἰς τὸν οἶκον, I.3 (47, 20)

μόνος: τὸν δὲ πλοῦτον μόνοι οἷοί τ᾽ εἰσὶν ἔχειν II.11
(52, 3); τοὺς ἐκπλέοντας ᾿Αθηναίων ἐτίμων ἂν μόνους,
I.18 (50, 12)

μουσική: τὴν μουσικὴν ἐπιτηδεύοντας καταλέλυκεν ὁ δῆμος I.
13 (49, 6)

μυρίος: προφάσεις μυρίας ἐξηύρηκε II.17 (53, 7)

92.

N

ναυπηγήσιμος: εἰ γάρ τις πόλις πλουτεῖ ξύλοις ναυπηγησί-
μοις, II.11 (52, 4)

ναυπηγός: καὶ οἱ κυβερνῆται καὶ οἱ κελευσταὶ καὶ οἱ πεντη-
κόνταρχοι καὶ οἱ πρῳρᾶται καὶ οἱ ναυπηγοί, I.2 (47,
11)

ναῦς: ἐξ αὐτῶν μέντοι τούτων καὶ δὴ νῆές μοί εἰσι, II.11
(52, 7); οἴκοι καθήμενοι ἄνευ νεῶν ἔκπλου I.16 (50,
2); πλέων ἐν ταῖς ναυσίν, I.13 (49, 12); εἴ τις τὴν
ναῦν μὴ ἐπισκευάζει III.4 (54, 17); ὁ δῆμός ἐστιν ὁ
ἐλαύνων τὰς ναῦς I.2 (47, 9); οἱ δὲ πολλοὶ ἐλαύνειν
εὐθὺς οἷοί τε εἰσβάντες εἰς ναῦς, I.20 (50, 26)

ναυτικός: ὅπου γὰρ ναυτικὴ δύναμίς ἐστιν, I.11 (48, 31);
καὶ ὀνόματα μαθεῖν τὰ ἐν τῇ ναυτικῇ· I.19 (50, 23);
καὶ διὰ τὸ ναυτικόν· I.12 (49, 4)

νέμω: πανταχοῦ πλέον νέμουσι τοῖς πονηροῖς καὶ πένησι
καὶ δημοτικοῖς ἢ τοῖς χρηστοῖς, I.4 (47, 22)

νεώριον: καὶ νεωρίων ἐπιμεληθῆναι καὶ ἱερῶν; III.2 (54,
10)

νησιώτης: ὅσοι νησιῶταί εἰσιν, II.2 (50, 34); εἰ δ᾽
οἷόν τε καὶ λαθεῖν συνελθοῦσιν εἰς ταὐτὸ τοῖς νησ-

ιώταις II.2 (51, 2)

νῆσος: παρὰ πᾶσαν ἤπειρόν ἐστιν ἢ ἀκτὴ προέχουσα ἢ νῆσος
προκειμένη ἢ στενόπορόν τι · II.13 (52, 16); τὴν μὲν
οὐσίαν ταῖς νήσοις παρατίθενται II.16 (52, 31); συν-
ελθοῦσιν εἰς ταὐτό...εἰς μίαν νῆσον, II.2 (51, 2);
εἰ γὰρ νῆσον οἰκοῦντες θαλασσοκράτορες ἦσαν ᾿Αθηναῖοι,
II.14 (52, 18); εἰ νῆσον ᾤκουν, II.15 (52, 25) = II.
15 (52, 28) = II.15 (52, 29); πῶς γὰρ νῆσον οἰκούντων
ταῦτ᾽ ἂν ἐγίγνετο; II.15 (52, 26); οὐκ ἔτυχον οἰκή-
σαντες νῆσον, II.16 (52, 31)

νικάω: δεῖ διὰ φιλίας ἰέναι ἢ νικᾶν μαχόμενον, II.5 (51,
15)

νομίζω: ὃ γὰρ σὺ νομίζεις οὐκ εὐνομεῖσθαι, I.8 (48, 16);
καὶ νομίζουσι τὸ ὁπλιτικὸν ἀρκεῖν II.1 (50, 30); οὐ
γὰρ νομίζουσι τὴν ἀρετὴν αὐτοῖς πρὸς τῷ σφετέρῳ ἀγαθῷ
πεφυκέναι, II.19 (53, 20). ταῦτα χρὴ λογιζόμενον μὴ
νομίζειν εἶναί τι δεινὸν III.13 (55, 31); νομίζων
τοῦτο +οὐ καλὸν εἶναι...+ I.13 (49, 7)

νόμος: εἰ νόμος ἦν τὸν δοῦλον ὑπὸ τοῦ ἐλευθέρου τύπτεσθαι
I.10 (48, 25); ὃς ἐστι δὴ νόμος ᾿Αθήνησι · I.18 (50,
16); πολλὰ δὲ περὶ νόμων θέσεως, III.2 (54, 8);
πρῶτα μὲν ὄψει τοὺς δεξιωτάτους αὐτοῖς τοὺς νόμους
τιθέντας· I.9 (48, 18)

νοσέω: οὐ γὰρ ἅμα πᾶσα γῆ νοσεῖ, II.6 (51, 20)

94.

νόσος: νόσους τῶν καρπῶν, αἴ ἐκ Διός εἰσιν, οἱ μὲν κατὰ
γῆν κράτιστοι χαλεπῶς φέρουσιν, ΙΙ.7 (51, 18)

νῦν: νῦν δὲ λέγων ὁ βουλόμενος ἀναστάς Ι.6 (48, 8); νῦν
δ' ἠνάγκασται τὸν δῆμον κολακεύειν τὸν 'Αθηναίων εἷς
ἕκαστος τῶν συμμάχων, Ι.18 (50, 13); νῦν δὲ οἱ γε-
ωργοῦντες...ὑπέρχονται ΙΙ.4 (52, 21); νῦν μὲν γὰρ εἰ
στασιάσαιεν, ΙΙ.15 (52, 28); νῦν τάδε ποιοῦσι· ΙΙ.
16 (52, 31); ὡς οὐδὲ νῦν...ὑπάρχουσιν ΙΙΙ.6 (54, 30);
ἢ ὥσπερ νῦν ἔχει, ΙΙΙ.8 (55, 6)

Ξ

ξύλον: παρὰ μὲν τοῦ ξύλα, ΙΙ.7 (52, 8); οὐδ' ἐστι τῇ

αὐτῇ ξύλα καὶ λίνον ΙΙ.12 (52, 12); εἰ γάρ τις

πόλις πλουτεῖ ξύλοις ναυπηγησίμοις, ΙΙ.11 (52, 4)

ὁ (ὁ - ἡ)

ο

ὁ: οἱ πένητες καὶ ὁ δῆμος Ι.2 (47, 7); ὅτι ὁ δῆμός ἐστιν
ὁ ἐλαύνων τὰς ναῦς καὶ ὁ δύναμιν περιτιθεὶς τῇ πόλει,
Ι.2 (47, 8); οὐδὲν δεῖται ὁ δῆμος μετεῖναι Ι.3 (47,
16); γιγνώσκει γὰρ ὁ δῆμος Ι.3 (47, 18); ταύτας
ζητεῖ ὁ δῆμος ἄρχειν. Ι.3 (47, 21); νῦν δὲ λέγων ὁ
βουλόμενος ἀναστάς Ι.6 (48, 8); ὁ γὰρ δῆμος βούλεται
οὐκ, Ι.8 (48, 14); ἰσχύει ὁ δῆμος Ι.8 (48, 17);
τάχιστ' ἂν ὁ δῆμος εἰς δουλείαν καταπέσοι. Ι.9 (48,
22); οὔτε ὑπεκστήσεταί σοι ὁ δοῦλος. Ι.10 (48, 24);
ὁ δῆμος αὐτόθι Ι.10 (48, 28); ὁ ἐμὸς δοῦλος Ι.11
(48, 35); ὁ σὸς δοῦλος Ι.11 (48, 35); καταλέλυκεν
ὁ δῆμος Ι.13 (49, 7); χορηγεῖται δὲ ὁ δῆμος, Ι.13
(49, 10); ὁ δὲ δῆμος τριηραρχεῖται Ι.13 (49, 10);
ἀξιοῖ γοῦν ἀργύριον λαμβάνειν ὁ δῆμος Ι.13 (49, 11);
ὁ δῆμος ὁ 'Αθηναίων Ι.16 (49, 27) = Ι.17 (50, 6); ὁ
πεζῇ παραβοηθῶν. ΙΙ.4 (51, 10); γνοὺς ὁ δῆμος ΙΙ.9 (51,
30); ἔστι δὲ ὁ δῆμος ὁ εὐωχούμενος ΙΙ.9 (51, 33); ὁ δὲ
δῆμος ΙΙ.10 (51, 35) = ΙΙ.14 (52, 22); ὁ ὄχλος ΙΙ.10
(52, 2); ἄσσα δ' ἂν ὁ δῆμος συνθῆται, ΙΙ.17 (53, 3);
ἀπὸ ὧν ὁ δῆμος ἐβούλευσεν, ΙΙ.17 (53, 8); αἰτιᾶται ὁ
δῆμος ΙΙ.17 (53, 8); ὁ κωμῳδούμενος ΙΙ.18 (53, 12); ὁ
δῆμος ἐδούλευσεν ὁ ἐν Βοιωτοῖς. ΙΙΙ.11 (55, 20); ὅπου ὁ
δῆμός ἐστιν ὁ ἄρχων τὰς ἀρχάς; ΙΙΙ.13 (55, 29); ἥ τε πενία

97.

I.5 (48, 2); καὶ ἡ ἀπαιδευσία καὶ ἡ ἀμαθία I.5 (48,

2 - 3); ἡ τούτου ἀμαθία καὶ πονηρία καὶ εὔνοια I.7

(48, 11); ἡ τοῦ χρηστοῦ ἀρετὴ καὶ σοφία καὶ κακονοία.

I.7 (48, 2); (sc. πόλις) ἡ βελτίστη, I.8 (48, 13);

ἡ δημοκρατία I.8 (48, 14); διότι δεῖται ἡ πόλις μετ-

οίκων I.12 (49, 4); ἡ ἀρχή...τοῦ δήμου τοῦ 'Αθήνησι,

I.14 (48, 18); ἡ ἑκατοστή...ἡ ἐν Πειραιεῖ I.17 (50, 7);

ἡ γὰρ θάλαττα II.2 (51, 1); θύουσιν οὖν δημοσίᾳ μὲν

ἡ πόλις ἱερεῖα πολλά· II.9 (51, 33); πᾶσι διαπράξαι

ἡ πόλις τῶν δεομένων οὐκ ἱκανή, III.3 (54, 15); ἔστι

δὲ πάσῃ γῇ τὸ βέλτιστον ἐναντίον τῇ δημοκρατίᾳ I.5

(47, 27); τὸ δὲ ὁπλιτικὸν II.1 (50, 27); τὸ μὲν τῇ,

τὸ δὲ τῇ. II.12 (52, 14); καὶ τοὐναντίον γε τούτου

II.19 (53, 21); τὸ δὲ μέγιστον εἴρηται III.5 (54,

26); ἐν οὐδεμίᾳ γὰρ πόλει τὸ βέλτιστον εὔνουν ἐστὶ

τῷ δήμῳ, III.10 (55, 15); ἀλλὰ τὸ κάκιστον ἐν ἑκ-

άστῳ ἐστὶ πόλει εὔνουν τῷ δήμῳ· III.10 (55, 16); (sc.

δοκοῦσιν) οἱ πένητες καὶ ὁ δῆμος πλέον ἔχειν I.1 (47,

7 - 8); καὶ οἱ κυβερνῆται καὶ οἱ κελευσταὶ καὶ οἱ

πεντηκόνταρχοι καὶ οἱ πρῳρᾶται καὶ οἱ ναυπηγοί, I.2

(47, 9 -10); οὗτοί εἰσιν οἱ τὴν δύναμιν περιτιθέντες

τῇ πόλει I.2 (47, 11); οἱ ὁπλῖται καὶ οἱ γενναῖοι

καὶ οἱ χρηστοί. I.2 (47, 12); οἱ μὲν γὰρ πένητες

καὶ οἱ δημοτικοὶ καὶ οἱ χείρους εὖ πράττοντες καὶ πολ-

λοὶ οἱ τοιοῦτοι γιγνόμενοι I.4 (47, 24 - 25); οἱ

πλούσιοι καὶ οἱ χρηστοί, I.4 (47, 26); καθιστᾶσιν

οἱ δημοτικοί. I.4 (47, 27); οἱ δὲ καὶ ἐν τουτῳ ἀρ-
ιστα βουλεύονται I.6 (48, 5); εἰ μὲν γὰρ οἱ χρηστοὶ
ἔλεγον καὶ ἐβουλεύοντο, I.6 (47, 6); οἳ δὲ γιγνώσκ-
ουσιν I.7 (48, 11); ἔπειτα κολάσουσι οἱ χρηστοὶ τοὺς
πονηροὺς I.9 (48, 19); καὶ βουλεύσουσιν οἱ χρηστοὶ
I.9 (48, 20); οἱ δοῦλοι καὶ οἱ μέτοικοι, I.10 (48,
28); χορηγοῦσι μὲν οἱ πλούσιοι, I.13 (49, 9); καὶ
γυμνασιαρχοῦσιν οἱ πλούσιοι, I.13 (49, 9); (sc. ἵνα)
οἱ πλούσιοι πενέστεροι γίγνωνται· I.13 (49, 12); οἱ
πλούσιοι καὶ χρηστοὶ I.14 (49, 17); οἱ δὲ χρηστοὶ
Ἀθηναίων I.14 (49, 21); ἐὰν οἱ σύμμαχοι δυνατοὶ ὦσι
I.15 (49, 23); οἳ δὲ ἀντιλογίζονται I.16 (49, 28);
οἱ κήρυκες ἄμεινον πράττουσι I.17 (50, 9); εἰ μὲν
μὴ ἐπὶ δίκας ᾔεσαν οἱ σύμμαχοι, I.18 (50, 11); οἱ
σύμμαχοι δοῦλοι τοῦ δήμου...καθεστᾶσι I.18 (50, 17);
αὐτοί τε καὶ οἱ ἀκόλουθοι· I.19 (50, 21); οἳ μὲν
πλοῖον κυβερνῶντες, οἳ δὲ ὁλκάδα, οἳ δ᾽ ἐντεῦθεν ἐπὶ
τριήρεσι κατέστησαν· I.20 (50, 24 - 25); οἱ δὲ
πολλοὶ I.20 (50, 25); οἱ δὲ κρατοῦντες II.2 (51,
1); οἱ μὲν κατὰ γῆν κράτιστοι II.6 (51, 18); οἱ δὲ
κατὰ θάλατταν (sc. κράτιστοι) II.6 (51, 19); οἱ μὲν
Ἕλληνες II.8 (51, 27); οἱ ὀλίγοι καὶ οἱ εὐδαίμονες.
II.10 (52, 2); οἱ γεωργοῦντες καὶ οἱ πλούσιοι Ἀθην-
αίων II.14 (52, 21); οἱ σύμπαντες ἄνθρωποι III.2
(54, 6); καὶ ἄγουσι ἑορτὰς διπλασίους ἢ οἱ ἄλλοι·
III.8 (55, 3); οἳ δὲ τοῦτο γνώμῃ ποιοῦσιν· III.10
(55, 13); οἱ γὰρ ὁμοῖοι τοῖς ὁμοίοις εὔνοοί εἰσι·

ὁ (οἱ - τῆς)

III.10 (55, 17); αἱ μὲν μέγαλαι διὰ δέος ἄρχονται,
II.3 (51, 4); αἱ δὲ μικραὶ πάνυ διὰ χρείαν (sc. ἄρχ-
ονται)· III.3 (51, 4); βραδεῖαί τε γὰρ αἱ πορεῖαι
II.5 (51, 14); αἱ τάξεις τοῦ φόρου· III.5 (54, 26);
τὰ συγκείμενα II.17 (53, 5); ἡ τοῦ χρηστοῦ ἀρετὴ
καὶ σοφία καὶ κακόνοια. I.7 (48, 12); εἰ νόμος ἦν
τὸν δοῦλον ὑπὸ τοῦ ἐλευθέρου τύπτεσθαι I.10 (48, 25);
μισεῖσθαι μὲν ἀνάγκη τὸν ἄρχοντα ὑπὸ τοῦ ἀρχομένου,
I.14 (49, 17); ἡ ἀρχή...τοῦ δήμου τοῦ ᾿Αθήνησι. I.14
(48, 18); καὶ τοὺς μὲν τοῦ δήμου σῴζουσι, I.6 (50,
2); οἱ σύμμαχοι δοῦλοι τοῦ δήμου...καθεστᾶσι I.18
(50, 17); τοῦ δήμου τῶν ᾿Αθηναίων I.18 (50, 18);
παρὰ μὲν τοῦ ξύλα, II.11 (52, 7); παρὰ δὲ τοῦ σίδ-
ηρος II.11 (52, 8); παρὰ δὲ τοῦ χαλκός, II.11 (52,
8); παρὰ δὲ τοῦ λίνον, II.11 (52, 8); παρὰ δὲ τοῦ
κηρός, II.11 (52, 9); οὐχὶ τοῦ δήμου ἐστὶν οὐδὲ τοῦ
πλήθους II.18 (53, 12); πλέον τι ἔχειν τοῦ δήμου,
II.18 (53, 15); ὄντες ὡς ἀληθῶς τοῦ δήμου, II.19
(53, 22); ὅστις δὲ μὴ ὢν τοῦ δήμου II.20 (53, 24);
περὶ τοῦ πολέμου, III.2 (54, 7); αἱ τάξεις τοῦ φόρου·
III.5 (54, 26); ὑπὸ τοῦ πλήθους τῶν ἀνθρώπων. III.6
(54, 31); περὶ δὲ τῆς ᾿Αθηναίων πολιτείας, I.1 (47,
1) = III.1 (53, 27); τοῦτον τὸν τρόπον τῆς πολιτείας, I.
1 (47, 2); εὐνομουμένης τῆς πόλεως, I.8 (48, 15); τῆς δὲ
κακονομίας I.8 (48, 16); καὶ βουλεύσουσιν οἱ χρηστοὶ
περὶ τῆς πόλεως I.9 (48, 20); ἐπιλαμβάνεσθαι τῆς

100.

χειρός. Ι.18 (50, 17); τῶν ἀρχόντων τῆς θαλάττης.
II.3 (51, 6); ἀποπλεῦσαι ἀπὸ τῆς σφετέρας αὐτῶν II.
5 (51, 12); ἀπὸ τῆς σφετέρας αὐτῶν ἀπελθεῖν II.5
(51, 13); ταύτῃ τῆς γῆς, II.5 (51, 16); ἐκ τῆς εὐ-
θενούσης II.6 (51, 20); ἀφικνεῖται τοῖς τῆς θαλ-
άττης ἄρχουσιν. II.6 (51, 20); διὰ τὴν ἀρχὴν τῆς
θαλάττης II.7 (51, 22) = II.7 (51, 26); ἐξελέξαντο
τοῦτο μὲν ἐκ τῆς, τοῦτο δὲ ἐκ τῆς· II.8 (51, 27);
τοὺς ἄρχοντας τῆς θαλάττης; II.11 (52, 5) = II.11
(52, 6); ἐκ τῆς γῆς πάντα ταῦτα ἔχω II.12 (52, 11);
ἐκ τῆς αὐτῆς πόλεως II.12 (52, 13); τοῖς τῆς θαλ-
άττης ἄρχουσι II.13 (52, 17); ἕως τῆς θαλάττης
ἦρχον, II.14 (52, 20); διαπράττεσθαι τῶν τῆς πόλ-
εως III.2 (54, 5); ὥστε μὴ οὐχὶ τῆς δημοκρατίας
ἀφαιρεῖν τι. III.8 (55, 7); οὐ τοῦ δικαίου αὐτοῖς
μᾶλλον μέλει Ι.13 (49, 13); ἢ τοῦ αὐτοῖς συμφόρου.
Ι.13 (49, 14); τοῦ μὴ ποιεῖν II.17 (53, 7); ἐκ δὲ
τοῦ μὴ δικαίως ἄρχειν III.13 (55, 30); πλέον ἔχειν
τῶν γενναίων καὶ τῶν πλουσίων Ι.2 (47, 8); ‹ἔνι›
ἐνίοις τῶν ἀνθρώπων. Ι.5 (48, 3); περὶ δὲ τῶν συμμάχ-
ων-, Ι.14 (49, 15); τὰ τῶν συμμάχων χρήματα Ι.15
(49, 25); ὁ δῆμος τῶν Ἀθηναίων Ι.17 (50, 6); διὰ
τὰς ἐπιδημίας τὰς τῶν συμμάχων. Ι.17 (51, 10); εἰς
ἕκαστος τῶν συμμάχων, Ι.18 (50, 14); τοῦ δήμου τῶν
Ἀθηναίων Ι.18 (50, 18); δι᾽ ἐμπειρίαν τε τῶν πλόων

I.20 (50, 23); καὶ τῶν μὲν πολεμίων II.1 (50, 28);

τῶν δὲ συμμάχων II.1 (50, 29); εἰ τῶν συμμάχων

κρείττονές εἰσι, II.1 (50, 30); πόλεις ὑπὸ τῶν

Ἀθηναίων ἀρχόμεναι, II.3 (51, 2); τῶν ἀρχόντων

τῆς θαλάττης. II.3 (51, 6); τέμνειν τὴν γῆν τῶν

κρειττόνων· II.4 (51, 8); νόσους τῶν καρπῶν, II.

6 (51, 18); ἐξ ἀπάντων τῶν Ἑλλήνων καὶ βαρβάρων,

II.8 (51, 29); ἑκάστῳ τῶν πενήτων II.9 (51, 31);

τῶν Ἑλλήνων καὶ τῶν βαρβάρων. II.11 (52, 3); ἀπὸ

τῶν ὀλίγων II.17 (53, 3); ὀλίγοι δέ τινες τῶν πεν-

ήτων καὶ τῶν δημοτικῶν II.18 (53, 14); πᾶσι δια-

πρᾶξαι ἡ πόλις τῶν δεομένων οὐχ ἱκανή, III.13 (54,

16); ὑπὸ τοῦ πλήθους τῶν ἀνθρώπων. III.6 (54, 31);

ἀλλ' οὐκ ὀλίγων δεῖ τῶν ἐπιθησομένων III.12 (55, 26);

ἀπὸ τῶν ἀτίμων Ἀθήνησιν. III.13 (55, 32); πᾶσι τῶν

ἀρχῶν I.2 (47, 13); καὶ λέγειν ἐξεῖναι τῷ βουλομένῳ

τῶν πολιτῶν. I.2 (47, 14); ὁπόσαι μὲν σωτηρίαν φέρ-

ουσι τῶν ἀρχῶν I.3 (47, 15); τούτων μὲν τῶν ἀρχῶν

I.3 (47, 16); (οὔτε τῶν στρατηγιῶν...οὔτε τῶν ἱππ-

αρχιῶν) I.3 (47, 17 - 18); διά τε τὸ πλῆθος τῶν

τεχνῶν I.12 (49, 4); ἀπὸ τῶν πρυτανείων I.16 (49,

29); τῶν δικῶν Ἀθήνησιν οὐσῶν τοῖς συμμάχοις· I.

17 (50, 6); οἵτινες χρηστοί εἰσι τῶν πολιτῶν II.19

(53, 17); τῶν Ἑλληνίδων πόλεων III.2 (54, 4); ἀπὸ

τούτων τοίνυν τῶν ἀγαθῶν I.9 (48, 21); οὐδὲν τῶν

σοφῶν II.14 (52, 23); διὰ τὸ πλῆθος τῶν πραγμάτων

III.1 (54, 1); διαπράττεσθαι τῶν τῆς πόλεως III.2
(54, 5); περὶ δὲ τῶν κατὰ πόλιν ἀεὶ γιγνομένων,
III.2 (54, 8); μετεῖναι ἔν τε τῷ κλήρῳ καὶ ἐν τῇ
χειροτονίᾳ I.2 (47, 13); καὶ λέγειν ἐξεῖναι τῷ
βουλομένῳ τῶν πολιτῶν. I.2 (46, 14); τῷ δήμῳ ἅπαντι,
I.3 (47, 16); ἐν δὲ τῷ δήμῳ I.5 (48, 1); αὐτῷ ἢ τῷ
δήμῳ I.7 (48, 10); τῷ δήμῳ τῷ ᾿Αθηναίων· I.16 (49,
29); ᾿Αθηναίων τῷ δήμῳ. I.16 (50, 5); ἐν τῷ δήμῳ,
I.18 (50, 15); ἐν πάντι τῷ βίῳ I.20 (50, 26); ἢ
ἐν τῷ Πόντῳ II.7 (51, 25); μηδ᾿ αὖ στασιᾶσαι τῷ
δήμῳ μηδένα, II.15 (52, 27); τῷ λέγοντι καὶ τῷ
ἐπιψηφίσαντι, II.17 (53, 4); ἐν πλήρει τῷ δήμῳ·
II.17 (53, 6); αὐτῷ τῷ δήμῳ II.20 (53, 23); τούτῳ
τῷ τρόπῳ χρώμενοι III.1 (53, 29); τῷ δήμῳ III.1
(53, 32) = III.10 (55, 16) = III.10 (55, 16); ὅτι ὁ
δῆμός ἐστιν...ὁ δύναμιν περιτιθεὶς τῇ πόλει I.2 (47,
8); οἱ τὴν δύναμιν περιτιθέντες τῇ πόλει I.2 (47,
11); μετεῖναι ἔν τε τῷ κλήρῳ καὶ ἐν τῇ χειροτονίᾳ
I.2 (47, 14); ἐν δὲ τῇ Λακεδαίμονι I.11 (48, 34);
ἡ ἑκατοστὴ τῇ πόλει πλείων ἢ ἐν Πειραιεῖ· I.17 (50,
7); ἐλαύνειν τῇ κώπῃ I.19 (50, 20); ὀνόματα μαθεῖν
τὰ ἐν τῇ ναυτικῇ· I.19 (50, 22); ὁπόσαι δ᾿ ἐν τῇ
ἠπείρῳ εἰσὶ πόλεις II.3 (51, 3); ἢ οὐ χρήσονται τῇ
θαλάττῃ. II.12 (52, 10); τῇ αὐτῇ II.12 (52, 12);
τὸ μὲν τῇ, τὸ δὲ τῇ. II.12 (52, 14); πιστεύοντες τῇ
ἀρχῇ τῇ κατὰ θάλατταν, II.16 (52, 32); τῇ βουλῇ III.1

103.

(53, 32); τῇ ὀλιγίστας ἀγούσῃ πόλει, ΙΙΙ.3 (55, 4);

τῇ δημοκρατίᾳ τῇ Ἀθήνησιν· ΙΙΙ.12 (55, 26); πλείω

ὠφελεῖται ἐν τῷ μὴ αὐτὸς ἄρχειν ταύτας τὰς ἀρχάς. Ι.

3 (47, 19); ἡ γὰρ θάλαττα ἐν τῷ μέσῳ, ΙΙ.2 (51, 1);

πρὸς τῷ σφετέρῳ ἀγαθῷ ΙΙ.19 (53, 20); ἀλλ' ἐπὶ τῷ

κακῷ· ΙΙ.19 (53, 21); ὀλίγοι ἐν ἑκάστῳ ἔσονται τῷ

δικαστηρίῳ, ΙΙΙ.7 (54, 33); (sc. δοκοῦσιν) τοῖς ἄλ-

λοις Ἕλλησι, Ι.1 (47, 5); πανταχοῦ πλέον νέμουσι

τοῖς πονηροῖς...ἢ τοῖς χρηστοῖς, Ι.4 (47, 22); ἐν

γὰρ τοῖς βελτίστοις Ι.5 (47, 28); τοῖς ὁμοίοις

σφίσιν αὐτοῖς Ι.6 (48, 7); τοῖς δὲ δημοτικοῖς Ι.6

(48, 8); αὐτῷ τε καὶ τοῖς ὁμοίοις αὐτῷ. Ι.6 (48, 9);

ἰσηγορίαν καὶ τοῖς δούλοις πρὸς τοὺς ἐλευθέρους Ι.12

(49, 2); καὶ τοῖς μετοίκοις πρὸς τοὺς ἀστούς, Ι.12

(49, 3); καὶ τοῖς μετοίκοις εἰκότως τὴν ἰσηγορίαν

ἐποιήσαμεν. Ι.12 (49, 5); τοῖς δὲ δημοτικοῖς δοκεῖ

μεῖζον ἀγαθὸν εἶναι Ι.15 (49, 24); τῶν δικῶν Ἀθήν-

ησιν οὐσῶν τοῖς συμμάχοις· Ι.17 (50, 6); τοῖς μὲν

κατὰ γῆν ἀρχομένοις ΙΙ.2 (50, 32); τοῖς δὲ κατὰ θάλ-

ατταν ἀρχομένοις, ΙΙ.2 (50, 33); συνελθοῦσιν εἰς

ταὐτὸ τοῖς νησιώταις ΙΙ.2 (51, 2); τοῖς ἄρχουσι τῆς

θαλάττης ΙΙ.4 (51, 7); τοῖς δὲ γῆς (sc. ἄρχουσι) ΙΙ.4

(51, 8); τοῖς μὲν κατὰ θάλατταν ἄρχουσιν ΙΙ.5 (51, 11);

τοῖς δὲ κατὰ γῆν (sc. ἄρχουσι) ΙΙ.5 (51, 12); ἀφικνεῖται

τοῖς τῆς θαλάττης ἄρχουσιν, ΙΙ.6 (51, 20); τοῖς μὲν

πλουσίοις ἐστὶν ἰδίᾳ ἐνίοις, ΙΙ.10 (51, 35); ἐλπίδα ἂν

ἔχοντες ἐν τοῖς πολεμίοις ΙΙ.15 (52, 28); τοῖς τῆς θαλ-

ἄττης ἄρχουσι II.13 (52, 17); ἀρνεῖσθαι τοῖς ἄλλοις II.17
(53, 5); πολλὰ δὲ καὶ τοῖς συμμάχοις, II.2 (54, 9); καὶ
τούτων τοῖς βουλομένοις III.4 (54, 21); οἱ γὰρ ὁμοῖοι
τοῖς ὁμοίοις εὔνοοί εἰσι· III.10 (55, 17); ἐν ταῖς χορ-
ηγίαις I.13 (49, 8); πλέων ἐν ταῖς ναυσίν, I.13 (49, 12);
ἐν ταῖς πόλεσιν, I.14 (49, 18); τοὺς χρηστοὺς ἐν ταῖς
συμμαχίσι πόλεσι σῴζουσι, I.14 (49, 21); τὴν μὲν οὐσίαν
ταῖς νήσοις παρατίθενται II.16 (52, 31); τοὺς ὅρκους
ταῖς μὲν ὀλιγαρχουμέναις πόλεσιν II.17 (53, 1); ἢν δὲ μὴ
ἐμμένωσι ταῖς συνθήκαις II.17 (53, 2); ἐν ταῖς πόλεσι
ταῖς στασιαζούσαις. III.10 (55, 13); ἀνάγκη τοῖς ἀνδρα-
πόδοις δουλεύειν, I.11 (48, 32); ἔν τε τοῖς δικαστηρίοις
I.13 (49, 13); ἐν τοῖς δικαστηρίοις· I.16 (50, 3)
= I.18 (50, 16); ὅτι μὲν εἵλοντο τοῦτον τὸν τρόπον
τῆς πολιτείας, I.1 (47, 1); ὠφελείας εἰς τὸν οἶκον,
I.3 (47, 20); εἰ νόμος ἦν τὸν δοῦλον ὑπὸ τοῦ ἐλευ-
θέρου τύπτεσθαι I.10 (48, 25); ἢ τὸν μέτοικον ἢ
τὸν ἀπελεύθερον, I.10 (48, 26); τὸν Ἀθηναῖον δοῦλον
I.10 (48, 27); τὸν ἐμὸν δοῦλον I.11 (48, 34); μισ-
εῖσθαι μὲν ἀνάγκη τὸν ἄρχοντα ὑπὸ τοῦ ἀρχομένου. I.14
(49, 17); τὸν μίσθον δι᾿ ἐνιαυτοῦ λαμβάνειν. I.16
(50, 1); τὸν δῆμον κολακεύειν τὸν Ἀθηναίων I.18
(50, 13); καὶ αὑτὸν καὶ τὸν οἰκέτην I.19 (50, 22);
οἳ φέρουσι τὸν φόρον II.1 (50, 29); τὸν μὲν πεζῇ
ἰόντα II.5 (51, 15); τὸν δὲ πλέοντα, II.5 (51, 16);
τὸν δὲ πλοῦτον II.11 (52, 3); κακῶς λέγειν τὸν μὲν

δῆμον II.18 (53, 10); τὸν δῆμον τὸν 'Αθήνησι II.
19 (53, 17); τὸν μὲν τρόπον οὐκ ἐπαινῶ· III.1 (53,
27); τὸν δῆμον κατέκοψαν· III.11 (55, 21); ὡς εὖ
διασῴζονται τὴν πολιτείαν I.1 (47, 4); οἱ τὴν δύνα-
μιν περιτιθέντες τῇ πόλει I.2 (47, 11); τὴν δημο-
κρατίαν διασῴζοντες. I.4 (47, 23); τὴν δημοκρατίαν
αὔξουσιν· I.4 (47, 25); εἰκότως τὴν ἰσηγορίαν
ἐποιήσαμεν. I.12 (49, 5); καὶ τὴν μουσικὴν ἐπιτη-
δεύοντας I.13 (49, 6); διὰ τὴν κτῆσιν τὴν ἐν τοῖς
ὑπερορίοις I.19 (50, 19); τέμνειν τὴν γῆν τῶν
κρειττόνων· II.4 (51, 8); διὰ τὴν ἀρχὴν τῆς θαλ-
άττης II.7 (51, 22) = II.7 (51, 26); διὰ τὴν θάλ-
ατταν, II.12 (52, 11); τοῖς τὴν ἤπειρον οἰκοῦντας.
II.13 (52, 17); μηδὲ τμηθῆναι τὴν ἑαυτῶν γῆν II.14
(52, 20); μηδέποτε προδοθῆναι τὴν πόλιν ὑπ' ὀλίγων
II.15 (52, 25); τὴν μὲν οὐσίαν ταῖς νήσοις παρατί-
θενται II.16 (52, 31); τὴν δὲ 'Αττικὴν γῆν II.16
(52, 32); ἑνὶ ἀνατιθέντι τὴν αἰτίαν II.17 (53, 4);
σφίσιν αὐτοῖς τὴν αἰτίαν ἀνατιθέασι II.17 (53, 9);
οὐ γὰρ νομίζουσι τὴν ἀρετήν...πεφυκέναι, II.19 (53,
20); τὴν φύσιν οὐ δημοτικοί εἰσι. II.19 (52, 22);
διασῴζεσθαι τὴν δημοκρατίαν III.1 (53, 29); τὴν δὲ
βουλὴν βουλεύεσθαι III.2 (54, 7); εἴ τις τὴν ναῦν
μὴ ἐπισκευάζει III.4 (53, 17); ὥστε μὲν γὰρ βέλτιον
ἔχειν τὴν πολιτείαν, III.9 (55, 8); ἰσχυρὸν τὸ ἐν-
αντίον (sc. καθιστᾶσιν) I.4 (47, 26); ἐξευρίσκει τὸ

ό (τό - τούς)

ἀγαθόν I.6 (48, 9); διά τε τὸ πλῆθος τῶν τεχνῶν I.
12 (49, 4); καὶ διὰ τὸ ναυτικόν· I.12 (49, 4); καὶ
νομίζουσι τὸ ὁπλιτικὸν ἀρκεῖν II.1 (50, 30); συνάρ-
ασθαι εἰς τὸ αὐτὸ τὰς πόλεις· II.2 (50, 34); συν-
ελθοῦσιν εἰς τὸ αὐτὸ τοῖς νησιώταις II.2 (51, 2); ὡς
ἐπὶ τὸ πολύ. II.18 (53, 13); διὰ τὸ ζητεῖν II.18
(53, 15); διὰ τὸ πλῆθος τῶν πραγμάτων III.1 (54, 1);
τὸ μὲν ἀφελεῖν τὸ δὲ προσθεῖναι, III.8 (55, 6); εἵλ-
οντο τοὺς πονηροὺς ἄμεινον πράττειν ἢ τοὺς χρηστούς.
I.1 (47, 3); ἀλλ' ἐὰν τοὺς δυνατωτάτους ἄρχειν· I.3
(47, 19); τοὺς δεξιωτάτους καὶ ἄνδρας ἀρίστους· I.6
(48, 5); ἐῶντες καὶ τοὺς πονηροὺς λέγειν. I.6 (48,
6); πρῶτα μὲν ὄψει τοὺς δεξιωτάτους I.9 (48, 18);
τοὺς νόμους τιθέντας· I.9 (48, 18); ἔπειτα κολάσ-
ουσι οἱ χρηστοὶ τοὺς πονηροὺς I.9 (48, 19); ἐῶσι
τοὺς δούλους τρυφᾶν αὐτόθι I.11 (48, 30); διὰ τοῦτ'
οὖν ἰσηγορίαν καὶ τοῖς δούλοις πρὸς τοὺς ἐλευθέρους
ἐποιήσαμεν, I.12 (49, 2); καὶ τοῖς μετοίκοις πρὸς τοὺς
ἀστούς, I.12 (48, 3); τοὺς δὲ γυμναζομένους αὐτόθι
I.13 I49, 6); μισοῦσι τοὺς χρηστούς, I.14 (49, 16);
τοὺς μὲν χρηστοὺς ἀτιμοῦσι I.14 (49, 19); τοὺς δὲ
πονηροὺς αὔξουσιν. I.14 (49, 20); τοὺς χρηστοὺς ἐν
ταῖς συμμαχίσι πόλεσι I.14 (49, 21); τοὺς βελτίστους
σῴζειν ἀεί I.14 (49, 22); τοὺς συμμάχους ἀναγκάζουσι
πλεῖν I.16 (49, 28); καὶ τοὺς μὲν τοῦ δήμου σῴζουσι,
I.16 (50, 2); τοὺς δ' ἐναντίους ἀπολλύουσιν I.16 (50,
3); τοὺς ἐκπλέοντας Ἀθηναίων I.18 (50, 11); τούς τε

107.

ό (τούς - τά)

στρατηγούς καί τούς τριηράρχους I.18 (50, 12); τούς
άρχοντας τῆς θαλάττης; II.11 (52, 5) = II.11 (52, 6);
τούς τήν ἤπειρον οίκοῦντας. II.13 (52, 17); μηδέ προσ-
δέχεσθαι τούς πολεμίους· II.14 (52, 21); ὑπέρχονται
τούς πολεμίους II.14 (52, 22); τούς ὅρκους ταῖς μέν
ὀλιγαρχουμέναις πόλεσιν II.17 (53, 1); τούς τοιούτ-
ους II.18 (53, 16); τούς μέν σφίσιν αὐτοῖς ἐπιτηδ-
είους καί συμφόρους II.19 (53, 18); τούς δέ χρηστούς
μισοῦσι μᾶλλον· II.19 (53, 19); παύειν τούς ἀδικ-
οῦντας III.6 (54, 31); τούς χείρους αἱροῦνται III.
10 (55, 13); εἰ μέν γάρ ᾑροῦντο τούς βελτίους, III.
10 (55, 14); τούς ταὐτά γιγνώσκοντας III.10 (55,
15); αἱρεῖσθαι τούς βελτίστους, III.11 (55, 19);
εἵλοντο τούς βελτίστους, III.11 (55, 20); ἄν τούς
πολλούς ἠτιμῶσθαι 'Αθήνησιν, III.13 (55, 28); ὅτι
ὁ δῆμός ἐστιν ὁ ἐλαύνων τάς ναῦς I.2 (47, 8); πλείω
ὠφελεῖται ἐν τῷ μή αὐτός ἄρχειν ταύτας τάς ἀρχάς, I.
3 (47, 19); ἵνα +λαμβάνων μέν πράττῃ+ τάς ἀποφοράς,
I.11 (48, 33); διοικοῦσι τάς πόλεις τάς συμμαχίδας,
I.16 (50, 2); εἰ δέ οἴκοι εἶχον ἔκαστοι τάς δίκας,
I.16 (50, 4); διά τάς ἐπιδημίας τάς τῶν συμμάχων.
I.17 (50, 10); διά τάς ἀρχάς τάς εἰς τήν ὑπερορίαν
I.19 (50, 20); συνάρασθαι εἰς τό αὐτό τάς πόλεις· II.
2 (50, 34); ὅπου ὁ δῆμός ἐστιν ὁ ἄρχων τάς ἀρχάς; III.
13 (55, 29); καί τἆλλα διαπράττοντα I.1 (47, 5);
ἀκρίβεια δέ πλείστη εἰς τά χρηστά, I.5 (48, 1); (sc.

108.

αὐτούς) ἄγει ἐπὶ τὰ αἰσχρά, I.5 (48, 2); καὶ τὰ
εἴδη οὐδὲν βελτίους εἰσίν. I.10 (48, 28); τὰ χρήμ-
ατα διδόναι τὰ ἑαυτοῦ I.11 (49, 1); τὰ τῶν συμμάχων
χρήματα I.15 (49, 25); ὀνόματα μαθεῖν τὰ ἐν τῇ ναυτ-
ικῇ· I.19 (50, 22); διαλαγχάνων τὰ ἱερεῖα. II.9
(51, 34); οὐδὲ τἄλλα δύο ἢ τρία μίᾳ πόλει, II.12
(52, 14); ὡς τὰ πολλὰ III.5 (54, 27); ἄλλως ἔχειν
τὰ πράγματα III.8 (55, 5); τοὺς ταὐτὰ γιγνώσκοντας
III.10 (55, 15); τὰ σφίσιν αὐτοῖς προσήκοντα III.10
(55, 17); μηδὲ λέγειν τὰ δίκαια ‹μηδὲ› πράττειν, III.
13 (55, 30)

ὅδε: δοκεῖ δὲ ὁ δῆμος...καὶ ἐν τῷδε κακῶς βουλεύεσθαι, I.
16 (49, 27); ὅτι μὲν εἵλοντο τοῦτον τὸν τρόπον τῆς
πολιτείας οὐκ ἐπαινῶ διὰ τόδε, I.1 (47, 2); ὅτι
δίκαιοι αὐτόθι καὶ οἱ πένητες καὶ ὁ δῆμος πλέον ἔχειν
τῶν γενναίων καὶ τῶν πλουσίων διὰ τόδε, I.2 (47, 8);
ὁ δῆμος τῶν Ἀθηναίων τάδε κερδαίνει I.17 (50, 6);
νῦν τάδε ποιοῦσι· II.16 (52, 31); καὶ τάδε τινὰς ὁρῶ
μεμφομένους Ἀθηναίους III.1 (53, 31); δεῖ δὲ καὶ
τάδε διαδικάζειν, III.4 (54, 7)

ὁδός: ἀπελθεῖν πολλῶν ἡμερῶν ὁδόν· II.5 (51, 14)

οἶδα: εὖ εἰδὼς ὅτι οὐδὲν τῶν σφῶν ἐμπρήσουσιν οὐδὲ τεμοῦσιν,
II.14 (51, 23); εὖ εἰδότες ὅτι οὐχὶ τοῦ δήμου ἐστὶν
οὐδὲ τοῦ πλήθους ὁ κωμῳδούμενος II.18 (53, 12)

οἰκέτης: καί αὐτὸν καί τὸν οἰκέτην I.19 (50, 22)

οἰκέω: πόλιν οἰκεῖν καλὴν καί μεγάλην, II.9 (51, 32);
εἵλετο ἐν δημοκρατουμένῃ πόλειν οἰκεῖν μᾶλλον ἢ ἐν
ὀλιγαρχουμένῃ II.20 (53, 25); εἰ γὰρ νῆσον οἰκ-
οῦντες θαλασσοκράτορες ἦσαν 'Αθηναῖοι, II.14 (52,
18); πῶς γὰρ νῆσον οἰκούντων ταῦτ' ἂν ἐγίγνετο; II.
15 (52, 27); ὥστε ἔξεστιν ἐνταῦθα ἐφορμοῦσι τοῖς τῆς
θαλάττης ἄρχουσι λωβᾶσθαι τοὺς τὴν ἤπειρον οἰκοῦντας.
II.12 (52, 17); εἰ νῆσον ᾤκουν, II.15 (52, 25) =
II.15 (52, 28); εἰ δὲ νῆσον ᾤκουν, II.15 (52, 29);
οὐκ ἔτυχον οἰκήσαντες νῆσον, II.16 (52, 31)

οἰκοδομέω: ὁ δὲ δῆμος αὐτὸς αὐτῷ οἰκοδομεῖται ἰδίᾳ παλ-
αίστρας πολλάς, II.10 (51, 35)

οἴκοι: εἶτ' οἴκοι καθήμενοι I.16 (50, 1); εἰ δὲ οἴκοι
εἶχον ἔκαστοι τὰς δίκας, I.16 (50, 4)

οἶκος: ὁπόσαι δ' εἰσὶν ἀρχαί μισθοφορίας ἔνεκα καί ὠφελ-
είας εἰς τὸν οἶκον, I.3 (47, 21)

οἴομαι: (οὔτε τῶν στρατηγιῶν κλήρῳ οἴονται σφίσι χρῆναι
μετεῖναι οὔτε τῶν ἱππαρχιῶν) I.3 (47, 17); πῶς ἂν
οὖν οἴοιτό τις III.13 (55, 28); ταῦτα οὐκ οἴεσθαι
<χρὴ> χρῆναι διαδικάζειν ἄπαντα; III.6 (54, 28);
οἴεσθαι χρὴ καί ἑορτὰς ἄγειν χρῆναι 'Αθηναίους III.8
(55, 2); πολλάκις ἂν οἰηθείς εἶναι τὸν 'Αθηναῖον

δοῦλον ἐπάταξαν ἄν· I.10 (48, 27)

οἷος: τοῖς μὲν κατὰ γῆν ἀρχομένοις οἷόν τ' ἐστὶν ἐκ μικρῶν
πόλεων συνοικισθέντας ἀθρόους μάχεσθαι· II.2 (50, 32);
οὐχ οἷόν τε συνάρασθαι εἰς τὸ αὐτὸ τὰς πόλεις· II.2
(50, 34); εἰ δ' οἷόν τε καὶ λαθεῖν συνελθοῦσιν εἰς
ταὐτὸ II.2 (51, 2); τοῖς ἄρχουσι τῆς θαλάττης οἷόν
τ' ἐστὶ ποιεῖν, II.4 (51, 7); τοῖς μὲν κατὰ θάλατταν
ἄρχουσιν οἷόν τ' ἀποπλεῦσαι ἀπὸ τῆς σφετέρας αὐτῶν II.
5 (51, 12); τοῖς δὲ κατὰ γῆν οὐχ οἷόν τε ἀπὸ τῆς
σφετέρας αὐτῶν ἀπελθεῖν πολλῶν ἡμερῶν ὁδόν· II.5
(51, 13); καὶ σῖτον οὐχ οἷόν τε ἔχειν πολλοῦ χρόνου
πεζῇ ἰόντα· II.5 (51, 14); οὐχ οἷόν τέ ἐστιν ἑκάστῳ
τῶν πενήτων θύειν II.9 (51, 30); μᾶλλον οἷόν τε δια-
λαθεῖν II.20 (53, 26); ἐν αἷς οὐχ οἷόν τε δικάζειν·
III.8 (55, 2); οἷόν τε τὸ μὲν ἀφελεῖν τὸ δὲ προσθεῖναι,
III.8 (55, 6); πολὺ δ' οὐχ οἷόν τε μετακινεῖν, III.8
(55, 7); οἷόν τε πολλὰ ἐξευρεῖν· III.9 (55, 8); οὗ
φημι οἷόν τ' εἶναι ἄλλως ἔχειν Ἀθήνησιν III.8 (55,
5); οἱ δὲ πολλοὶ ἐλαύνειν εὐθὺς οἷοί τε εἰσβάντες
εἰς ναῦς, I.20 (50, 26); πῶς γὰρ ἂν καὶ οἷοί τε
εἶεν, III.2 (54, 3); τὸν δὲ πλοῦτον μόνοι οἷοί τ'
εἰσὶν ἔχειν II.11 (52, 3); οὐχ οἷοί τε πάντας ἀπο-
πέμπειν εἰσὶ χρηματίσαντες. III.1 (54, 2); (sc. εἰ)
μὴ οἷοί τ' εἰσὶ πᾶσιν ἀνθρώποισι χρηματίσαι; III.2
(54, 11)

111.

ὀλιγαρχέω - ὀλίγος

ὀλιγαρχέω: εἵλετο ἐν δημοκρατουμένῃ πόλει οἰκεῖν μᾶλλον
ἢ ἐν ὀλιγαρχουμένῃ, II.20 (53, 25); ἔγνω ὅτι μᾶλλον
οἷόν τε διαλαθεῖν κακῷ ὄντι ἐν δημοκρατουμένῃ πόλει
μᾶλλον ἢ ἐν ὀλιγαρχουμένῃ. II.20 (53, 27); συμμαχίας
καί τοὺς ὅρκους ταῖς ὀλιγαρχουμέναις πόλεσιν ἀνάγκη
ἐμπεδοῦν· II.17 (53, 1)

ὀλίγος: παραπλεῖν γὰρ ἔξεστιν ὅπου ἂν μηδείς ᾖ πολέμιος ἢ
ὅπου ἂν ὀλίγοι, II.4 (51, 9); καί πλείω τούτων ἀπολαύει
ὁ ὄχλος ἢ οἱ ὀλίγοι καί οἱ εὐδαίμονες. II.10 (52, 2);
αἰτιᾶται ὁ δῆμος ὡς ὀλίγοι ἄνθρωποι αὐτῷ ἀντιπράττοντες
διέφθειραν· II.17 (53, 8); ὀλίγοι δέ τινες τῶν πενήτων
καί τῶν δημοτικῶν κωμῳδοῦνται II.18 (53, 14); ὀλίγοι ἐν
ἑκάστῳ ἔσονται τῷ δικαστηρίῳ, III.7 (54, 33); ὀλίγοι μέν
τοι τινές. III.12 (55, 25); ἐντός ὀλίγου χρόνου III.11
(55, 19) = III.1 (55, 21) = III.11 (55, 22); μηδέποτε
προδοθῆναι τὴν πόλιν ὑπ' ὀλίγων II.15 (52, 26); ὀνόματα
ἀπό τῶν ὀλίγων οἵ συνέθεντο. II.17 (53, 3); ἀλλ' οὐκ
ὀλίγων δεῖ τῶν ἐπιθησομένων τῇ δημοκρατίᾳ τῇ Ἀθήνησιν·
III.12 (55, 26); τῆς δὲ κακονομίας αὐτῷ ὀλίγον μέλει· I.
8 (48, 16); ὥστε καί διασκεύασασθαι ῥᾴδιον ἔσται πρός
ὀλίγους δικαστάς III.7 (54, 34); ἐάν μή ὀλίγα ποιῶνται
δικαστήρια, III.7 (54, 33); ἐν γάρ τοῖς βελτίστοις ἔνι
ἀκολασία τε ὀλιγίστη καί ἀδικία, I.5 (47, 28); ὀλίγιστον
χρόνον ἡ ἀρχή ἔσται τοῦ δήμου τοῦ Ἀθήνησι, I.14
(49, 18); ἀλλ' ἐγώ μὲν τίθημι ἴσας τῇ ὀλιγίστας ἀγ-
ούσῃ πόλει. III.8 (55, 4); καί τῶν μὲν πολεμίων
ἥττους τε σφᾶς αὐτούς ἡγοῦνται εἶναι καί ὀλείζους,

112.

II.1 (50, 29)

ὁλκάς: οἳ μὲν πλοῖον κυβερνῶντες, οἳ δὲ ὁλκάδα, I.20 (50, 25)

ὄνομα: καὶ ὀνόματα μαθεῖν τὰ ἐν τῇ ναυτικῇ· I.19 (50, 22); ὀνόματα ἀπὸ τῶν ὀλίγων οἳ συνέθεντο. II.17 (53, 3)

ὅμοιος: οἱ γὰρ ὅμοιοι τοῖς ὁμοίοις εὔνοοί εἰσι· III.10 (55, 17); τοῖς ὁμοίοις σφίσιν αὐτοῖς ἦν ἀγαθά, I. 6 (48, 7); ἐξευρίσκει τὸ ἀγαθὸν αὐτῷ τε καὶ τοῖς ὁμοίοις αὐτῷ. I.6 (48, 9)

ὁμολογέω: εἰ δ᾽ αὖ ὁμολογεῖν δεῖ ἅπαντα χρῆν διαδικάζειν, III.6 (54, 29); ἐγὼ δὲ τούτοις ὁμολογήσαιμ᾽ ἂν III.3 (54, 13)

ὁπλίτης: πολὺ μᾶλλον ἢ οἱ ὁπλῖται καὶ οἱ γενναῖοι καὶ οἱ χρηστοί. I.2 (47, 12)

ὁπλιτικός: τὸ δὲ ὁπλιτικὸν αὐτοῖς...οὕτω καθέστηκεν II.1 (50, 27); καὶ νομίζουσι τὸ ὁπλιτικὸν ἀρκεῖν II.1 (50, 30)

ὁπόσακις: ὁπόσακις δ᾽ ἐπεχείρησαν αἱρεῖσθαι τοὺς βελτίστους III.11 (55, 18)

ὁποσονοῦν: οὐδ᾽ εἰ ὁποσονοῦν χρυσίον καὶ ἀργύριονδιδοίη τις αὐτοῖς. III.3 (54, 16)

ὁπόσος: ἔπειτα ὁπόσαι μὲν σωτηρίαν φέρουσι τῶν ἀρχῶν

I.3 (47, 15); ὁπόσαι δ' εἰσὶν ἀρχαὶ μισθοφορίας ἕν-
εκα καὶ ὠφελείας εἰς τὸν οἶκον, I.3 (47, 20); ὁπ-
όσαι δ' ἐν τῇ ἠπείρῳ εἰσὶ πόλεις II.3 (51, 3); (sc.
ἀποπλεῦσαι) ὁπόσον βούλει πλοῦν, II.5 (51, 12)

ὅπου: ὅπου γὰρ ναυτικὴ δύναμίς ἐστιν, I.11 (48, 31);
 ὅπου δ' εἰσὶ πλούσιοι δοῦλοι, II.11 (48, 33); παρα-
 πλεῖν γὰρ ἔξεστιν ὅπου ἂν μηδεὶς ᾖ πολέμιος II.4 (51,
 9); ἢ ὅπου ἂν ὀλίγοι (sc. πολέμιοι ὦσι), II.4 (51,
 9); ὅπου λίνον ἐστὶ πλεῖστον, λεία χώρα καὶ ἄξυλος·
 II.12 (52, 12); ὅπου ὁ δῆμός ἐστιν ὁ ἄρχων τὰς ἀρ-
 χάς; III.3 (55, 29)

ὅπως: ὅπως δὴ βέλτιον πολιτεύσονται, III.9 (55, 10)

ὁράω: καὶ τάδε τινὰς ὁρῶ μεμφομένους 'Αθηναίους III.1
 (53, 31); πρῶτα μὲν ὄψει τοὺς δεξιωτάτους αὐτοῖς
 τοὺς νόμους τιθέντας· I.9 (48, 18)

ὀρθῶς: Δοκοῦσι δὲ 'Αθηναῖοι καὶ τοῦτό μοι οὐκ ὀρθῶς βουλ-
 εύεσθαι III.10 (55, 12)

ὅρκος: συμμαχίας καὶ τοὺς ὅρκους ταῖς μὲν ὀλιγαρχουμέναις
 πόλεσιν ἀνάγκη ἐμπεδοῦν· II.17 (53, 17)

ὀρφανός: καὶ ὀρφανοὺς δοκιμάσαι III.4 (54, 22)

ὀρχέομαι: καὶ ᾄδων καὶ τρέχων καὶ ὀρχούμενος καὶ πλέων
 ἐν ταῖς ναυσίν, I.13 (49, 12)

114.

ὅς: ὃς ἐστι δὴ νόμος ᾿Αθήνησι· Ι.18 (50, 15); ὃ ἥκιστα
    δοκεῖ εὖ ἔχειν ᾿Αθήνησιν, ΙΙ.1 (50, 27); οἳ φέρουσι
    τὸν φόρον ΙΙ.1 (50, 29); ἐγὼ δὲ φημί τινας εἶναι οἳ
    ἀδίκως ἠτίμωνται, ΙΙΙ.12 (55, 25); νόσους τῶν καρπῶν,
    αἳ ἐκ Διός εἰσιν, ΙΙ.6 (51, 18); οὗ δ᾿ ἕνεκέν ἐστι
    τοῦτο ἐπιχώριον, Ι.10 (48, 25); οὗ μὲν ἂν ᾖ κρείττων, ΙΙ.
    5 (51, 16); ἀπὸ ὧν ὁ δῆμος ἐβούλευσεν, ΙΙ.17 (53, 8);
    τούτῳ τῷ τρόπῳ χρώμενοι ᾧ ἐγὼ ἐπέδειξα. ΙΙΙ.1 (53, 29);
    ἐν αἷς οὐχ οἷόν τε δικάζειν· ΙΙΙ.8 (55, 2); ἔπειτα δὲ ὃ
    ἔνιοι θαυμάζουσιν Ι.4 (47, 21); ὃ γὰρ σὺ νομίζεις οὐκ εὐ-
    νομεῖσθαι, Ι.8 (48, 16); (sc. εὖ) διαπράττονται ἃ δοκ-
    οῦσιν ἁμαρτάνειν τοῖς ἄλλοις ῞Ελλησι, Ι.1 (47, 5)

ὅσος: ὅσοι νησιῶταί εἰσιν, ΙΙ.2 (50, 34); ὅσα ἐν τούτῳ
    ἔνι ἀγαθὰ Ι.16 (49, 29); ἐκείνους δὲ ὅσον ζῆν (sc.
    ἔχειν) Ι.15 (49, 26); ἑορτάσαι ἑορτὰς ὅσας οὐδεμία
    τῶν ῾Ελληνίδων πόλεων ΙΙΙ.2 (54, 4); καὶ εὐθύνας
    ἐκδικάζειν ὅσας οὐδ᾿ οἱ σύμπαντες ἄνθρωποι ἐκδικάζουσι,
    ΙΙΙ.2 (54, 6); τοῦ μὴ ποιεῖν ὅσα ἂν μὴ βούλωνται. ΙΙ.
    17 (53, 7); ὅσα ἔτη· ΙΙΙ.4 (54, 20) = ΙΙΙ.4 (54, 21) =
    ΙΙΙ.4 (54, 23)

ὅσπερ: πλὴν ἅπερ ἄρτι εἶπον ΙΙΙ.9 (55, 10);   τοῖς ἄρχουσι
    τῆς θαλάττης οἷόν τ᾿ ἐστὶ ποιεῖν, ἅπερ τοῖς τῆς γῆς
    ἐνίοτε, ΙΙ.4 (51, 8)

ὅστις: ὅστις δὲ μὴ ὢν τοῦ δήμου ΙΙ.20 (53, 24); οὐ γάρ

ἐστι πόλις οὐδεμία ἥτις οὐ δεῖται εἰσάγεσθαί τι ἢ
ἐξάγεσθαι· II.3 (51, 5); ὅ τι ἐν Σικελίᾳ ἡδὺ II.
7 (51, 24); οἵτινες φίλοι μάλιστα ἦσαν 'Αθηναίων
τῷ δήμῳ. I.16 (50, 5); ἄλλοσε ἄγειν οὐκ ἐάσουσιν
οἵ τινες ἀντίπαλοι ἡμῖν εἰσιν II.12 (52, 9); γιγνώ-
σκειν οἵτινες χρηστοί εἰσι τῶν πολιτῶν καὶ οἵτινες
πονηροί, II.19 (53, 17 - 18); ἐξηῦρεν ὅτῳ τρόπῳ
ἔσται ταῦτα. II.9 (51, 32); εἰπάτω γάρ τις ὅ τι
οὐ χρῆν αὐτόθι διαδικάζεσθαι. I_I.6 (54, 28); οὕσ-
τινας πρῶτον μὲν δεῖ ἑορτάσαι ἑορτάς III.2 (54, 3)

ὅτε: τοῦτο δὲ ὅτε Μιλησίων εἵλοντο τοὺς βελτίστους, III.
11 (55, 20); τοῦτο δὲ ὅτε εἵλοντο Λακεδαιμονίους
ἀντὶ Μεσσηνίων, III.11 (55, 23)

ὅτι: ὅτι μὲν εἵλοντο τοῦτον τὸν τρόπον τῆς πολιτείας, I.
1 (47, 1); ὅτι ταῦθ' ἑλόμενοι εἵλοντο τοὺς πονηροὺς
ἄμεινον πράττειν ἢ τοὺς χρηστούς. I.1 (47, 2); ὅτι
δίκαιοι αὐτόθι καὶ οἱ πένητες καὶ ὁ δῆμος πλέον ἔχειν
τῶν γενναίων καὶ τῶν πλουσίων I.2 (47, 7); ὅτι ὁ
δῆμός ἐστιν ὁ ἐλαύνων τὰς ναῦς I.2 (47, 8); γιγνώ-
σκει γὰρ ὁ δῆμος ὅτι πλείω ὠφελεῖται ἐν τῷ μὴ αὐτὸς
ἄρχειν ταύτας τὰς ἀρχάς, I.3 (47, 18); ἔπειτα δὲ
ὁ ἔνιοι θαυμάζουσιν ὅτι πανταχοῦ πλέον νέμουσι τοῖς
πονηροῖς...ἢ τοῖς χρηστοῖς, I.4 (47, 22); οἱ δὲ
γιγνώσκουσιν ὅτι ἡ τούτου ἀμαθία καὶ πονηρία καὶ
εὔνοια μᾶλλον λυσιτελεῖ I.7 (48, 11); ὅτι ἐῶσι τοὺς
δούλους τρυφᾶν αὐτόθι I.11 (48, 29); +...γνοὺς ὅτι+

οὐ δυνατὰ ταῦτά ἐστιν ἐπιτηδεύειν. I.13 (49, 7);
γιγνώσκουσιν ὅτι χορηγοῦσι μὲν οἱ πλούσιοι, χορη-
γεῖται δὲ ὁ δῆμος, I.13 (49, 9); ὅτι ἐκπλέοντες
συκοφαντοῦσιν, I.14 (49, 15); γιγνώσκοντες ὅτι
μισεῖσθαι μὲν ἀνάγκη τὸν ἄρχοντα ὑπὸ τοῦ ἀρχομένου,
I.14 (49, 16); γιγνώσκοντες ὅτι σφίσιν ἀγαθόν ἐστι
τοὺς βελτίστους σῴζειν I.14 (49, 22); εἴποι δέ τις
ἂν ὅτι ἰσχύς ἐστιν αὕτη Ἀθηναίων, I.15 (49, 23);
ὅτι τοὺς συμμάχους ἀναγκάζουσι πλεῖν ἐπὶ δίκας
Ἀθήναζε. I.16 (49, 27); γιγνώσκων ὅτι δεῖ μὲν
ἀφικόμενον Ἀθήναζε δίκην δοῦναι καὶ λαβεῖν I.18
(50, 14); γνοὺς ὁ δῆμος ὅτι οὐχ οἷόν τέ ἐστιν
ἑκάστῳ τῶν πενήτων θύειν II.19 (51, 30); εὖ εἰδὼς
ὅτι οὐδὲν τῶν σφῶν ἐμπρήσουσιν οὐδὲ τεμοῦσιν, II.14
(52, 23); γιγνώσκοντες ὅτι εἰ αὐτὴν ἐλεήσουσιν ἑτ-
έρων ἀγαθῶν μειζόνων στερήσονται. II.16 (52, 33);
ἀρνεῖσθαι τοῖς ἄλλοις ὅτι οὐ παρῆν II.17 (53, 5);
εὖ εἰδότες ὅτι οὐχὶ τοῦ δήμου ἐστὶν οὐδὲ τοῦ πλήθους
ὁ κωμῳδούμενος II.18 (53, 12); ἔγνω ὅτι μᾶλλον
οἷόν τε διαλαθεῖν II.20 (53, 26); ὅτι ἐνίοτε οὐκ
ἔστιν αὐτόθι χρηματίσαι III.1 (53, 31); ὅτι τοὺς
χείρους αἱροῦνται ἐν ταῖς πόλεσι ταῖς στασιαζούσαις.
III.10 (55, 13)

οὐ: ὅτι μὲν εἵλοντο τοῦτον τὸν τρόπον τῆς πολιτείας, οὐκ
ἐπαινῶ διὰ τόδε, I.1 (47, 2); διὰ μὲν οὖν τοῦτο
οὐκ ἐπαινῶ· I.1 (47, 3); τοῖς δὲ δημοτικοῖς οὐκ

ἀγαθά· I.6 (48, 8); οὐκ ἀπὸ τοιούτων διαιτημάτων
I.8 (48, 13); ὁ γὰρ δῆμος βούλεται οὐκ, εὐνομουμένης
τῆς πόλεως, αὐτὸς δουλεύειν, I.8 (48, 14); ὃ γὰρ
σὺ νομίζεις οὐκ εὐνομεῖσθαι, I.8 (48, 16); οὐκ
ἐάσουσι μαινομένους ἀνθρώπους βουλεύειν I.9 (48,
20); νομίζω τοῦτο +οὐ καλὸν εἶναι...+ I.13 (49, 7);
+...γνοὺς ὅτι οὐ+ δυνατὸς ταῦτά ἐστιν ἐπιτηδεύειν. I
13 (49, 7); οὐ τοῦ δικαίου αὐτοῖς μᾶλλον μέλει I.13
(49, 13); οὐκ ἐν ἄλλοις τισὶν I.18 (50, 15); οὐχ
οἷόν τε συνάρασθαι II.2 (50, 34); οὐ γὰρ ἐστι πόλις
οὐδεμία ἥτις οὐ δεῖται εἰσάγεσθαί τι ἢ ἐξάγεσθαι· II.
3 (51, 5); ταῦτα τοίνυν οὐκ ἔσται αὐτῇ, II.3 (51, 6);
οὐχ οἷόν τε ἀπὸ τῆς σφετέρας αὐτῶν ἀπελθεῖν II.5 (51,
13); καὶ σῖτον οὐχ οἷόν τε ἔχειν II.5 (51, 14); οὐ
γὰρ ἅμα πᾶσα γῆ νοσεῖ, II.6 (51, 19); οὐχ οἷόν τέ
ἐστιν ἑκάστῳ τῶν πενήτων θύειν II.9 (51, 30); ἄλλοσε
ἄγειν οὐκ ἐάσουσιν II.12 (52, 9); ἢ οὐ χρήσονται τῇ
θαλάττῃ. II.12 (52, 10); ἀδεῶς ζῇ καὶ οὐχ ὑπερχόμενος
αὐτούς. II.14 (52, 23); οὐκ ἔτυχον οἰκήσαντες νῆσον,
II.16 (52, 30); ἀρνεῖσθαι τοῖς ἄλλοις ὅτι οὐ παρῆν
II.17 (53, 5); οὐκ ἐῶσιν, II.18 (53, 11); οὐ γὰρ
νομίζουσι II.19 (53, 20); τὴν φύσιν οὐ δημοτικοί
εἰσι. II.19 (53, 22); τὸν μὲν τρόπον οὐκ ἐπαινῶ·
III.1 (53, 28); οὐκ ἔστι αὐτόθι III.1 (53, 31);
οὐχ οἷοί τε πάντας ἀποπέμπειν εἰσὶ χρηματίσαντες.
III.1 (54, 2); πᾶσιν διαπρᾶξαι ἡ πόλις τῶν δεο-
μένων οὐχ ἱκανή, III.3 (54, 16); ταῦτα οὐκ

οἴεσθαι < χρὴ > χρῆναι διαδικάζειν ἅπαντα; III.6 (54,
27); ὅ τι οὐ χρῆν αὐτόθι διαδικάζεσθαι. II.6 (54,
28); ἐν αἷς οὐχ οἷόν τε δικάζειν· III.8 (55, 2);
οὔ φημι οἷόν τ' εἶναι ἄλλως ἔχειν τὰ πράγματα 'Αθήν-
ησιν III.8 (55, 5); πολὺ δ' οὐχ οἷόν τε μετακιν-
εῖν, III.8 (55, 7); ἀρκούντως δὲ τοῦτο ἐξευρεῖν...
οὐ ῥᾴδιον, III.9 (55, 10); Δοκοῦσι δὲ 'Αθηναῖοι καὶ
τοῦτό μοι οὐκ ὀρθῶς βουλεύεσθαι III.10 (55, 12); οὐ
συνήνεγκεν αὐτοῖς· III.11 (55, 19); ἀλλ' οὐκ ὀλίγων
δεῖ III.12 (55, 26); οὐ δεῖ ἐνθυμεῖσθαι ἀνθρώπους
III.12 (55, 27)

οὕ: ὀνόματα ἀπὸ τῶν ὀλίγων οἳ συνέθεντο. II.17 (53, 3);
οὐδὲ ἀρέσκει οἵ γε τὰ συγκείμενα II.17 (53, 5)

οὐδέ: βουλεύειν οὐδὲ λέγειν οὐδὲ ἐκκλησιάζειν. I.9 (48,
21); οὐδ' ἐστὶ τῇ αὐτῇ ξύλα καὶ λίνον II.12 (52,
12); οὐδὲ χαλκὸς καὶ σίδηρος ἐκ τῆς αὐτῆς πόλεως
II.12 (52, 13); οὐδὲ τἄλλα δύο ἢ τρία μία πόλει, II.
12 (52, 14); οὐδὲν τῶν σφῶν ἐμπρήσουσιν οὐδὲ τεμοῦσιν,
II.14 (52, 23); οὐδὲ ἀρέσκει οἵ γε τὰ συγκείμενα II.
17 (53, 5); οὐχὶ τοῦ δήμου ἐστὶν οὐδὲ τοῦ πλήθους II.
18 (53, 12); καὶ οὐδ' οὗτοι II.18 (53, 14); ὥστε
οὐδὲ τοὺς τοιούτους ἄχθονται κωμῳδουμένους. II.18 (53,
16); τῇ βουλῇ οὐδὲ τῷ δήμῳ III.1 (53, 32); καὶ
εὐθύνας ἐκδικάζειν ὅσας οὐδ' οἱ σύμπαντες ἄνθρωποι ἐκ-
δικάζουσι, III.2 (54, 6); οὐδ' εἰ ὁποσονοῦν χρυσίον

119.

καὶ ἀργύριον διδοίη τις αὐτοῖς. III.3 (54, 16); ὡς
οὐδὲ νῦν (sc. ὑπάρχουσιν) III.6 (54, 30)

οὐδείς: οὐδεὶς ἄρα ἀδίκως ἠτίμωται 'Αθήνησιν. III.12 (55,
24); οὐ γάρ ἐστι πόλις οὐδεμία II.3 (51, 5); ἄλλη
δ' οὐδεμία πόλις δύο τούτων ἔχει· II.12 (52, 11);
ἑορτάσαι ἑορτὰς ὅσας οὐδεμία τῶν 'Ελληνίδων πόλεων
III.2 (54, 4); ἐν οὐδεμίᾳ γὰρ πόλει III.10 (55, 15);
τούτων μὲν τῶν δήμων οὐδὲν δεῖται ὁ δῆμος μετεῖναι I.
3 (47, 16); ἐσθῆτά τε γὰρ οὐδὲν βελτίων ὁ δῆμος αὐτόθι
I.10 (48, 28); καὶ τὰ εἴδη οὐδὲν βελτίους εἰσίν. I.
10 (48, 29); καὶ ἐγὼ μὲν οὐδὲν ποιῶν II.12 (52, 10);
οὐδὲν τῶν σφῶν ἐμπρήσουσιν οὐδὲ τεμοῦσιν, II.14 (52,
23); καὶ τοῦτο 'Αθήνησιν γίγνεται οὐδὲν ἄλλο ἢ <διότι>
III.1 (54, 1)

οὐκέτι: οὐκέτι ἐνταῦθα λυσιτελεῖ τὸν ἐμὸν δοῦλον σὲ δεδι-
έναι· I.11 (48, 34)

οὖν: διὰ μὲν οὖν τοῦτο οὐκ ἐπαινῶ· I.1 (47, 3); πρῶτον
μὲν οὖν τοῦτ' ἐρῶ, I.2 (47, 7); ἐπειδὴ οὖν ταῦτα
οὕτως ἔχει, I.2 (47, 12); τί ἂν οὖν γνοίη ἀγαθὸν (;)
I.7 (48, 10); εἴη μὲν οὖν ἂν πόλις οὐκ ἀπὸ τοιούτων
διαιτημάτων ἡ βελτίστη, I.8 (48, 13); διὰ τοῦτ' οὖν
I.12 (49, 2); διὰ τοῦτο οὖν I.12 (49, 5) = I.18 (50,
17); διὰ ταῦτα οὖν I.14 (49, 19) = III.10 (55, 17);
θύουσιν οὖν δημοσίᾳ II.9 (51, 32); ἐπειδὴ οὖν ἐξ

ἀρχῆς οὐκ ἔτυχον οἰκήσαντες νῆσον. II.16 (52, 30);
φημὶ οὖν ἔγωγε II.19 (53, 17); ταῦτα μὲν οὖν ὅσα
ἔτη. III.4 (54, 23); πῶς ἂν οὖν ἀδίκως οἴοιτό τις
III.13 (55, 28)

οὐσία: τὴν μὲν οὐσίαν ταῖς νήσοις παρατίθενται II.16 (52,
31)

οὔτε: (οὔτε τῶν στρατηγιῶν κλήρῳ οἴονται σφίσι χρῆναι μετ-
εῖναι οὔτε τῶν ἱππαρχιῶν) I.3 (47, 17 - 18); καὶ
οὔτε πατάξαι ἔξεστιν I.10 (48, 24); οὔτε ὑπεκστήσεταί
σοι ὁ δοῦλος, I.10 (48, 24)

οὗτος: ἰσχύς ἐστιν αὕτη Ἀθηναίων, I.15 (49, 23); οὗ δ'
ἕνεκέν ἐστι τοῦτο ἐπιχώριον, I.10 (48, 25); καὶ
τοῦτο Ἀθήνησι γίγνεται III.1 (54, 1); τοῦτο δὲ γίγ-
νεται ὡς τὰ πολλὰ δι' ἔτους πέμπτου, III.5 (54, 26);
οὗτοί εἰσιν οἱ τὴν δύναμιν περιτιθέντες τῇ πόλει I.2
(47, 11); καὶ οὐδ' οὗτοι II.18 (53, 15); ἐπεὶ δὲ
ταῦτα ἔδοξεν οὕτως αὐτοῖς, I.1 (47, 4); ἐπειδὴ οὖν
ταῦτα οὕτως ἔχει, I.2 (47, 12); ταῦτα τοίνυν οὐκ
ἔσται αὐτῇ, II.3 (51, 6); ταῦτα πάντα εἰς ἓν ἠθροί-
σθη II.7 (51, 25); ἐξηῦρεν ὅτῳ τρόπῳ ἔσται ταῦτα.
II.9 (51, 32); πῶς γὰρ νῆσον οἰκούντων ταῦτ' ἂν ἐγίγ-
νετο; II.15 (52, 27); καὶ ταῦτα ἂν ἀδεῶς εἶχεν αὐτ-
οῖς. II.15 (52, 30); ἡ τούτου ἀμαθία καὶ πονηρία καὶ
εὔνοια I.7 (48, 11); ταύτης τῆς γῆς, II.5 (51, 16);
αὐτὸς ἀπὸ τούτου ἰσχύει ὁ δῆμος I.8 (48, 17);

καὶ τοὐναντίον γε τούτου II.19 (53, 21); τούτων μὲν
τῶν ἀρχῶν I.3 (47, 16); ἀπὸ τούτων τοίνυν τῶν ἀγαθ-
ῶν I.9 (48, 21); καὶ πλείω τούτων ἀπολαύει ὁ ὄχλος
II.10 (52, 1); ἐξ αὐτῶν μέντοι τούτων καὶ δὴ νῆές μοί
εἰσι, II.11 (52, 7); ἄλλη δ᾿ οὐδεμία πόλις δύο τούτ-
ων ἔχει· II.12 (52, 12); καὶ τούτων τοῖς βουλομένοις
διαδικάσαι III.4 (54, 21); τούτων τοίνυν τοιούτων
ὄντων III.8 (55, 4); τούτῳ τῷ τρόπῳ χρώμενοι III.1
(53, 29); ἐξ αὐτῷ τούτῳ φανοῦνται I.4 (47, 23); οἱ
δὲ καὶ ἐν τούτῳ ἄριστα βουλεύονται I.6 (48, 6); ὅσα
ἐν τούτῳ ἔνι ἀγαθὰ I.16 (49, 29); (ἐν δὲ ταύταις...)
III.2 (54, 4); πρὸς δὲ τούτοις.I.17 (50, 6) = I.18
(50, 11) = I.19 (50, 19) = II.12 (52, 9) = II.15 (52,
24) = III.4 (54, 21) = III.8 (55, 2); ᾿Ετι δὲ πρὸς
τούτοις II.13 (52, 15); ἐγὼ δὲ τούτοις ὁμολογήσαιμ᾿
ἂν III.3 (54, 13); πρὸς δὲ τούτοις χορηγοῖς III.4
(54, 18); ὅτι μὲν εἵλοντο τοῦτον τὸν τρόπον τῆς πολ-
ιτείας, I.1 (47, 1); διὰ μὲν οὖν τοῦτο οὐκ ἐπαινῶ·
I.14 (47, 3); τοῦτ᾿ ἀποδείξω. I.1 (47, 6); Πρῶτον
μὲν οὖν τοῦτ᾿ ἐρῶ, I.2 (47, 7); εἰ δέ τις καὶ τοῦτο
θαυμάζει I.11 (48, 29); καὶ τοῦτο γνώμῃ φανεῖαν ἂν
ποιοῦντες. I.11 (48, 31); διὰ τοῦτ᾿ οὖν I.12 (49,
2); διὰ τοῦτο οὖν I.12 (49, 5) = I.18 (50, 17);
νομίζων τοῦτο +οὐ καλὸν εἶναι...+ I.13 (49, 7); καὶ
τοῦτο ποιῶν ἧττον ἀπορεῖ II.4 (51, 10); ἐξελέξαντο
τοῦτο μὲν ἐκ τῆς, τοῦτο δὲ ἐκ τῆς· II.8 (51, 27);

τοῦτο μέντοι εὖ οἶδα III.3 (54, 15); ἀρκούντως δὲ
τοῦτο ἐξευρεῖν III.9 (55, 9); Δοκοῦσι δὲ ᾿Αθηναῖοι
καὶ ταῦτά μοι οὐκ ὀρθῶς βουλεύεσθαι III.10 (55, 12);
οἳ δὲ τοῦτο γνώμῃ ποιοῦσιν· III.10 (55, 14); τοῦτο
δὲ ὅτε Μιλησίων εἵλοντο τοὺς βελτίστους, III.11 (55,
20); τοῦτο δὲ ὅτε εἵλοντο Λακεδαιμονίους ἀντὶ Μεσσ-
ηνίων, III.11 (55, 21); τούτους ἂν σφῶν αὐτῶν ἀπ-
ώλλυσαν I.16 (50, 4); ἐν τῷ μὴ ἄρχειν ταύτας τὰς
ἀρχάς, I.3 (47, 19); ταύτας ζητεῖ ὁ δῆμος ἄρχειν
I.3 (47, 21); ταῦτ᾿ ἑλόμενοι I.1 (47, 2); +...γνοὺς
ὅτι οὐ+ δυνατὰ ταῦτά ἐστιν ἐπιτηδεύειν. I.13 (49, 8);
διὰ ταῦτα οὖν I.14 (49, 19) = III.10 (55, 17); ἐκ
τῆς γῆς πάντα ταῦτα ἔχω II.12 (52, 11); καὶ εἰ μὴ
δόξαι εἶναι ταῦτα, II.17 (53, 6); ταῦτα μὲν οὖν ὅσα
ἔτη. III.4 (54, 23); ταῦτα οὐκ οἴεσθαι <χρὴ> χρῆναι
διαδικάζειν ἅπαντα; III.6 (54, 27); ταῦτα χρὴ λογ-
ιζόμενον μὴ νομίζειν εἶναι τι δεινὸν II I.13 (55, 31)

οὕτω: ἐπεὶ δὲ ταῦτα ἔδοξεν οὕτως αὐτοῖς, I.1 (47, 4);
ἐπειδὴ οὖν ταῦτα οὕτως ἔχει, I.2 (47, 13); ἀλλ᾿ ἡ
δημοκρατία μάλιστ᾿ ἂν σῴζοιτο οὕτως. I.8 (48, 14);
τὸ δὲ ὁπλιτικὸν αὐτοῖς...οὕτω καθέστηκεν II.2 (50,
27); ἐπεί τοι καὶ οὕτως ἔχει, III.12 (55, 27)

οὐχί: εὖ εἰδότες ὅτι οὐχὶ τοῦ δήμου οὐδὲ τοῦ πλήθους ἐστὶν
ὁ κωμῳδούμενος II.18 (53, 12); ὥστε μὴ οὐχὶ τῆς δημο-
κρατίας ἀφαιρεῖν τι. III.8 (55, 7); ᾑροῦντ᾿ ἂν οὐχὶ
τοὺς ταὐτὰ γιγνώσκοντας σφίσιν αὐτοῖς· III.10 (55, 14)

ὄχλος: καὶ πλείω τούτων ἀπολαύει ὁ ὄχλος ἢ οἱ ὀλίγοι καὶ οἱ εὐδαίμονες. II.10 (52, 2)

Π

παλαίστρα: ὁ δὲ δῆμος αὐτὸς αὐτῷ οἰκοδομεῖται ἰδίᾳ παλ-
αίστρας πολλάς, II.10 (52, 1)

Παναθήναια: διαδικάσαι εἰς Διονύσια καὶ Θαργήλια καὶ Παν-
αθήναια καὶ Προμήθια καὶ Ἡφαίστια ὅσα ἔτη· III.4
(54, 19)

πανταχοῦ: πανταχοῦ πλέον νέμουσι τοῖς πονηροῖς καὶ πέν-
ησι καὶ δημοτικοῖς ἢ τοῖς χρηστοῖς, I.4 (47, 22)

πάνυ: αἱ δὲ μικραὶ πάνυ διὰ χρείαν (sc. ἄρχονται)· II.3
(51, 5); πολλὰ ἔτι πάνυ παραλείπω· III.5 (54, 25)

παρά: παρὰ μὲν τοῦ ξύλα, II.7 (52, 7); παρὰ δὲ τοῦ σίδ-
ηρος, II.11 (52, 8); παρὰ δὲ τοῦ χαλκός, II.7 (52,
8); παρὰ δὲ τοῦ λίνον, II.11 (52, 8); παρὰ δὲ τοῦ
κήρος. II.11 (52, 8); παρὰ πᾶσαν ἤπειρόν ἐστιν ἢ
ἀκτὴ προέχουσα ἢ νῆσος προκειμένη ἢ στενόπορόν τι·
II.13 (52, 15)

παραβοηθέω: ἧττον ἀπορεῖ ἢ ὁ πεζῇ παραβοηθῶν. II.4 (51,
11)

παραλείπω: πολλὰ ἔτι πάνυ παραλείπω· III.5 (54, 26)

παραπλέω: παραπλεῖν γὰρ ἔξεστιν ὅπου ἂν μηδεὶς ᾖ πολέμιος
II.4 (51, 9); ἀλλὰ παραπλεῦσαι, ἕως ἂν φιλίαν χώραν
ἀφίκηται II.5 (51, 17)

125.

παρασκευάζω: ἀδικεῖν παρεσκευάσατο II.20 (53, 25)

παρατίθημι: τὴν μὲν οὐσίαν ταῖς νήσοις παρατίθενται II.
16 (52, 31)

πάρειμι: ἀρνεῖσθαι τοῖς ἄλλοις ὅτι οὐ παρῆν II.17 (53, 5)

πᾶς: οὐ γὰρ ἅμα πᾶσα γῆ νοσεῖ, II.6 (51, 20); ταῦτα
πάντα εἰς ἕν ἠθροίσθη II.7 (51, 25); ἅτε ἐν παντὶ
τῷ βίῳ προμεμελετηκότες. I.20 (50, 26); αὐτὸν μὲν
γὰρ εὖ ποιεῖν παντὶ συγγνώμην ἐστίν· II.20 (53, 23);
ἔστι δὲ πάσῃ γῇ τὸ βέλτιστον ἐναντίον τῇ δημοκρατίᾳ·
I.5 (47, 27); δοκεῖ δίκαιον εἶναι πᾶσι τῶν ἀρχῶν μετ-
εῖναι I.2 (47, 13); (sc. εἰ) μὴ οἷοί τ᾿ εἰσὶ πᾶσιν
ἀνθρώποις χρηματίσαι; III.2 (54, 11); πᾶσι δια-
πρᾶξαι ἡ πόλις τῶν δεομένων οὐχ ἱκανή, III.3 (54,
15); φωνὴν πᾶσαν ἀκούοντες II.8 (51, 26); παρὰ
πᾶσαν ἤπειρόν II.13 (52, 15); ὡς ἐχρῆν αὐτοῖς μὴ
ἐᾶν λέγειν πάντας ἐξ ἴσης μηδὲ βουλεύειν, I.6 (48,
4); οὐχ οἷοί τε πάντας ἀποπέμπειν εἰσὶ χρηματίσαντες.
III.1 (54, 2); ἐκ τῆς γῆς πάντα ταῦτα ἔχω II.12 (52,
11)

πάσχω: πάσχειν δὲ μηδέν, II.14 (52, 20)

πατάσσω: πολλάκις ἂν οἰηθεὶς εἶναι τὸν ᾿Αθηναῖον δοῦλον
ἐπάταξεν ἄν· I.10 (48, 27); καὶ οὔτε πατάξαι ἔξεστιν
αὐτόθι I.10 (48, 24)

126.

παύω: (sc. οὐχ) ὑπάρχουσιν ὥστε παύειν τοῖς ἀδικοῦντας
    III.6 (54, 31)

πείθω: ἐὰν μὴ πείσῃ τοὺς ἄρχοντας τῆς θαλάττης; II.11
    (52, 5) = II.11 (52, 6)

Πειραιεύς: ἡ ἑκατοστὴ τῇ πόλει πλείων ἡ ἐν Πειραιεῖ· I.
    17 (50, 8)

Πελοπόννησος: ἡ ἐν Πελοποννήσῳ II.7 (51, 25)

πέμπτος: τοῦτο δὲ γίγνεται ὡς τὰ πολλὰ δι' ἔτους πέμπτου.
    III.5 (54, 27)

πένης: ὅτι δίκαιοι αὐτόθι καὶ οἱ πένητες καὶ ὁ δῆμος πλέον
    ἔχειν τῶν γενναίων καὶ τῶν πλουσίων I.2 (47, 7); οἱ
    μὲν γὰρ πένητες καὶ οἱ δημοτικοί...τὴν δημοκρατίαν
    αὔξουσιν· I.4 (47, 24); οὐχ οἶόν τέ ἐστιν ἑκάστῳ
    τῶν πενήτων θύειν καὶ εὐωχεῖσθαι καὶ ἵστασθαι ἱερὰ
    καὶ πόλιν οἰκεῖν καλὴν καὶ μεγάλην, II.9 (51, 31);
    ὀλίγοι δέ τινες τῶν πενήτων καὶ τῶν δημοτικῶν κωμῳδ-
    οῦνται II.18 (53, 14); πανταχοῦ πλέον νέμουσι τοῖς
    πονηροῖς καὶ πένησι καὶ δημοτικοῖς ἢ τοῖς χρηστοῖς,
    I.4 (47, 22); (sc. ἵνα) οἱ πλούσιοι πενέστεροι γίγ-
    νωνται· I.13 (49, 13)

πενία: ἥ τε γὰρ πενία αὐτοὺς μᾶλλον ἄγει ἐπὶ τὰ αἰσχρά,
    I.5 (48, 2)

πεντηκόνταρχος: καὶ οἱ κυβερνῆται καὶ οἱ κελευσταὶ καὶ οἱ

127.

πεντηκόνταρχοι καὶ οἱ πρῳρᾶται καὶ οἱ ναυπηγοί, I.2
(47, 10)

πεζός: ἧττον ἀπορεῖ ἢ ὁ πεζῇ παραβοηθῶν. II.4 (51, 11);
σῖτον οὐχ οἶόν τε ἔχειν πολλοῦ χρόνου πεζῇ ἰόντα·
II.5 (51, 15); τὸν μὲν πεζῇ ἰόντα δεῖ διὰ φιλίας
ἰέναι ἢ νικᾶν μαχόμενον. II.5 (51, 15)

περί: Περὶ δὲ τῆς Ἀθηναίων πολιτείας, I.1 (47, 1) =
III.1 (53, 27); καὶ βουλεύσουσιν οἱ χρηστοὶ περὶ τῆς
πόλεως I.9 (48, 20); ὥστε μὴ κινδυνεύειν περὶ ἑαυ-
τοῦ. I.11 (49, 1); περὶ δὲ τῶν συμμάχων-, I.14
(49, 15); πολλὰ μὲν περὶ τοῦ πολέμου, III.2 (54,
7); πολλὰ δὲ περὶ πόρου χρημάτων, III.2 (54, 7);
πολλὰ δὲ περὶ νόμων θέσεως, III.2 (54, 8); πολλὰ δὲ
περὶ τῶν κατὰ πόλιν ἀεὶ γιγνομένων, III.2 (54, 8)

περιοράω: τὴν δὲ Ἀττικὴν γῆν περιορῶσι τεμνουμένην, II.
16 (52, 32)

περιτίθημι: (sc. ὁ δῆμος) ὁ τὴν δύναμιν περιτιθεὶς τῇ
πόλει, I.2 (47, 9); οὗτοί εἰσι οἱ τὴν δύναμιν περι-
τιθέντες τῇ πόλει I.2 (47, 11)

πιστεύω: πιστεύοντες τῇ ἀρχῇ τῇ κατὰ θάλατταν, II.16 (52,
32)

πλείων: ἡ ἑκατοστὴ τῇ πόλει πλείων ἢ ἐν Πειραιεῖ· I.17
(50, 8); εἰ πλείους ἔτι ἐδίδοσαν ἀργύριον· III.3

(54, 14); γιγνώσκει γὰρ ὁ δῆμος ὅτι πλείω ὠφελεῖται

ἐν τῷ μὴ αὐτὸς ἄρχειν ταύτας τὰς ἀρχάς, I.3 (47,

18); καὶ πλείω τούτων ἀπολαύει ὁ ὄχλος II.10 (52,

1); καὶ ἔτι ἂν πλείω διαπράττεσθαι III.3 (54, 14);

ὅτι δίκαιοι αὐτόθι καὶ οἱ πένητες καὶ ὁ δῆμος πλέον

ἔχειν τῶν γενναίων καὶ τῶν πλουσίων I.2 (47, 8);

πανταχοῦ πλέον νέμουσι τοῖς πονηροῖς καὶ πένησι καὶ

δημοτικοῖς I.4 (47, 22); διὰ τὸ ζητεῖν πλέον τι

ἔχειν τοῦ δήμου, II.18 (53, 15); ἀκρίβεια δὲ πλείστη

εἰς τὰ χρηστά, I.5 (48, 1); ἐν δὲ τῷ δήμῳ ἀμαθία τε

πλείστη καὶ ἀταξία καὶ πονηρία· I.4 (48, 1); τῶν

δούλων δ' αὖ καὶ τῶν μετοίκων πλείστη ἐστὶν 'Αθήνησιν

ἀκολασία I.10 (48, 23); ὅπου λίνον ἐστὶ πλεῖστον,

II.12 (52, 13)

πλέω: τοὺς συμμάχους ἀναγκάζουσι πλεῖν ἐπὶ δίκας 'Αθήναζε.

I.16 (49, 28); καὶ ᾄδων καὶ τρέχων καὶ ὀρχούμενος καὶ

πλέων ἐν ταῖς ναυσίν, I.13 (49, 12); ἀνάγκη γὰρ

ἄνθρωπον πολλάκις πλέοντα κώπην λαβεῖν I.19 (50, 21);

τὸν δὲ πλέοντα...ἔξεστιν ἀποβῆναι II.5 (51, 16)

πλῆθος: εὖ εἰδότες ὅτι οὐχι τοῦ δήμου ἐστὶν οὐδὲ τοῦ

πλήθους ὁ κωμῳδούμενος II.18 (53, 12); ὑπὸ τοῦ

πλήθους τῶν ἀνθρώπων. III.6 (54, 31); διά τε τὸ

πλῆθος τῶν τεχνῶν I.12 (49, 4); διὰ τὸ πλῆθος τῶν

πραγμάτων III.1 (54, 2)

πλήν: τὸ δὲ μέγιστον εἴρηται πλὴν αἱ τάξεις τοῦ φόρου·

III.5 (54, 26); πλὴν εἰ κατὰ μικρόν τι οἷόν τε τὸ μὲν
ἀφελεῖν τὸ δὲ προσθεῖναι, III.8 (55, 6); πλὴν ὅπερ
ἄρτι εἶπον III.9 (55, 10)

πλήρης: ἐν πλήρει τῷ δήμῳ· II.17 (53, 6)

πλοῖον: οἳ μὲν πλοῖον κυβερνῶντες, I.20 (50, 24)

πλόος: δι' ἐμπειρίαν τε τῶν πλόων I.20 (50, 24); ἀπο-
πλεῦσαι...ὁπόσον βούλει πλοῦν, II.5 (51, 12)

πλούσιος: ἀλλ' ἢ πλούσιος ἢ γενναῖος ἢ δυνάμενος (sc.
ἐστί), II.18 (53, 13); ἐὰν δὲ εὖ πράττωσιν οἱ πλούσ-
ιοι καὶ οἱ χρηστοί, I.4 (47, 26); ὅπου δ' εἰσὶ
πλούσιοι δοῦλοι, I.11 (48, 33); χορηγοῦσι μὲν οἱ
πλούσιοι, χορηγεῖται δὲ ὁ δῆμος, I.13 (49, 9);
καὶ γυμνασιαρχοῦσι οἱ πλούσιοι (καὶ τριηραρχοῦσιν added
in C only) I.13 (49, 10); (sc. ἵνα) οἱ πλούσιοι πενέστεροι
γίγνωνται· I.13 (49, 13); εἰ δὲ ἰσχύσουσιν οἱ πλούσ-
ιοι καὶ οἱ χρηστοὶ ἐν ταῖς πόλεσιν, I.14 (49, 17);
νῦν δὲ οἱ γεωργοῦντες καὶ οἱ πλούσιοι 'Αθηναίων
ὑπέρχονται τοὺς πολεμίους μᾶλλον, II.14 (52, 22);
ὅτι δίκαιοι αὐτόθι καὶ οἱ πένητες καὶ ὁ δῆμος πλέον
ἔχειν τῶν γενναίων καὶ τῶν πλουσίων I.2 (47, 8);
καὶ γυμνάσια καὶ λουτρὰ καὶ ἀποδυτήρια τοῖς μὲν
πλουσίοις ἐστὶν ἰδίᾳ ἐνίοις, II.10 (51, 35)

πλουτέω: εἰ γάρ τις πόλις πλουτεῖ ξύλοις ναυπηγησίμοις,
II.11 (52, 4); τί δ' εἴ τις σιδήρῳ ἢ χαλκῷ ἢ λίνῳ

130.

πλουτεῖ πόλις (;) II.11 (52, 6)

πλοῦτος: τὸν δὲ πλοῦτον μόνοι οἷοί τ' εἰσὶν ἔχειν II.11
(52, 3)

ποῖ: ποῖ διαθήσηται (;) II.11 (52, 4) = II.11 (52, 6)

ποιέω: νῦν τάδε ποιοῦσι· II.16 (52, 31); οἳ δὲ τοῦτο
γνώμῃ ποιοῦσιν· III.10 (55, 14); ἐὰν μὴ ὀλίγα
ποιῶνται δικαστήρια, III.7 (54, 33); τοῖς ἄρχουσι
τῆς θαλάττης οἷόν τ' ἐστὶ ποιεῖν, ἅπερ τοῖς τῆς γῆς
ἐνίοτε, II.4 (51, 8); ὑπῆρχεν ἂν αὐτοῖς ποιεῖν μὲν
κακῶς, II.14 (52, 19); τοῦ μὴ ποιεῖν ὅσα ἂν μὴ
βούλωνται. II.17 (53, 7); αὐτὸν μὲν γὰρ εὖ ποιεῖν
παντὶ συγγνώμη ἐστίν· II.20 (53, 23); καὶ τοῦτο
ποιῶν ἧττον ἀπορεῖ II.4 (51, 10); καὶ ἐγὼ μὲν οὐδὲν
ποιῶν II.12 (52, 10); καὶ τούτω γνώμῃ φανεῖεν ἂν
ποιοῦντες. I.11 (48, 31); ἰσηγορίαν τοῖς δούλοις
πρὸς τοὺς ἐλευθέρους ἐποιήσαμεν, I.12 (49, 3); καὶ
τοῖς μετοίκοις εἰκότως τὴν ἰσηγορίαν ἐποιήσαμεν. I.
12 (49, 15)

πολεμέω: Λακεδαιμόνιοι καταστρεψάμενοι Μεσσηνίους ἐπολ-
έμουν ᾿Αθηναίους. III.11 (55, 23)

πολέμιος: ὅπου ἂν μηδεὶς ᾖ πολέμιος II.4 (51, 9); καὶ
τῶν μὲν πολεμίων ἥττους τε σφᾶς αὐτοὺς ἡγοῦνται εἶναι
II.1 (50, 28); ἐλπίδα ἂν ἔχοντες ἐν τοῖς πολεμίοις
στασιάσειαν II.15 (52, 29); νῦν δὲ οἱ γεωργοῦντες

καὶ οἱ πλούσιοι 'Αθηναίων ὑπέρχονται τοὺς πολεμίους
μᾶλλον, II.14 (52, 22); μηδὲ πολεμίους ἐπεισπεσεῖν·
II.15 (52, 26)

πόλεμος: πολλὰ μὲν περὶ τοῦ πολέμου, III.2 (54, 7)

πόλις: εἴη μὲν οὖν πόλις οὐκ ἀπὸ τοιούτων διαιτημάτων ἢ
βελτίστη, I.8 (48, 13); διότι δεῖται ἡ πόλις μετ-
οίκων I.12 (49, 4); οὐ γάρ ἐστι πόλις οὐδεμία ἥτις
οὐ δεῖται εἰσάγεσθαί τι ἢ ἐξάγεσθαι· II.3 (51, 5);
θύουσιν οὖν δημοσίᾳ μὲν ἡ πόλις ἱερεῖα πολλά· II.9
(51, 33); εἰ γάρ τις πόλις πλουτεῖ ξύλοις ναυπηγ-
ησίμοις, II.11 (52, 4); τί δ' εἴ τις σιδήρῳ ἢ
χαλκῷ ἢ λίνῳ πλουτεῖ πόλις, II.11 (52, 6); ἄλλη δ'
οὐδεμία πόλις δύο τούτων ἔχει· II.12 (52, 11); πᾶσι
διαπρᾶξαι τῶν δεομένων ἡ πόλις οὐκ ἱκανή, III.3 (54,
15); ὁπόσαι δ' ἐν τῇ ἠπείρῳ εἰσὶ πόλεις ὑπὸ τῶν
'Αθηναίων ἀρχόμεναι, II.3 (51, 3); ὁ γὰρ δῆμος
βούλεται οὐκ, εὐνομουμένης τῆς πόλεως, αὐτὸς δουλεύ-
ειν, I.8 (48, 5); καὶ βουλεύουσιν οἱ χρηστοὶ περὶ
τῆς πόλεως I.9 (48, 20 ; οὐδὲ χαλκὸς καὶ σίδηρος ἐκ
τῆς αὐτῆς πόλεως II.12 (52, 14); (ἐν δὲ ταύταις
ἧττόν τινα δυνατόν ἐστι διαπράττεσθαι τῶν τῆς πόλεως)
III.2 (54, 5); τοῖς μὲν κατὰ γῆν ἀρχομένοις οἷόν τ'
ἐστὶν ἐκ μικρῶν πόλεων συνοικισθέντας ἀθρόους μάχ-
εσθαι· II.2 (50, 32); ἑορτάσαι ἑορτὰς ὅσας οὐδεμία
τῶν 'Ελληνίδων πόλεων III.2 (54, 4); (sc. ὁ δῆμος)

ὃ τὴν δύναμιν περιτιθείς τῇ πόλει, I.2 (47, 9);

οὗτοί εἰσιν οἱ τὴν δύναμιν περιτιθέντες τῇ πόλει

I.2 (47, 11); ἡ ἑκατοστὴ τῇ πόλει πλείων ἡ ἐν Πειρα-

αιεῖ· I.17 (50, 7); οὐδὲ δύο ἢ τρία μίᾳ πόλει, II.

12 (52, 14); εἵλετο ἐν δημοκρατουμένῃ πόλει οἰκεῖν

μᾶλλον ἢ ἐν ὀλιγαρχουμένῃ, II.20 (53, 25); ἔγνω ὅτι

μᾶλλον οἷόν τε διαλαθεῖν κακῷ ὄντι ἐν δημοκρατουμένῃ

πόλει μᾶλλον ἢ ἐν ὀλιγαρχουμένῃ· II.20 (53, 26); ἀλλ'

ἐγὼ μὲν τίθημι ἴσας τῇ ὀλιγίστας ἀγούσῃ πόλει. III.8

(55, 4); ἐν οὐδεμίᾳ γὰρ πόλει III.10 (55, 15); ἀλλὰ

τὸ κάκιστον ἐν ἑκάστῃ ἐστὶ πόλει εὔνουν τῷ δήμῳ· III.

10 (55, 16); εἰ δὲ ἰσχύσουσιν οἱ πλούσιοι καὶ οἱ

χρηστοί ἐν ταῖς πόλεσιν, I.14 (49, 18); τοὺς χρηστοὺς

ἐν ταῖς συμμαχίσι πόλεσι σῴζουσι, I.14 (49, 21); τοὺς

βελτίστους σῴζειν ἀεὶ ἐν ταῖς πόλεσιν. I.14 (49, 23);

συμμαχίας καὶ τοὺς ὅρκους ταῖς μὲν ὀλιγαρχουμέναις πόλ-

εσιν ἀνάγκη ἐμπεδοῦν· II.17 (53, 2); τοὺς χείρους

αἱροῦνται ἐν ταῖς πόλεσι ταῖς στασιαζούσαις. III.10

(55, 13); πόλιν οἰκεῖν καλὴν καὶ μεγάλην, II.9 (51,

31); μηδέποτε προδοθῆναι τὴν πόλιν ὑπ' ὀλίγων II.15

(52, 26); περὶ τῶν κατὰ πόλιν ἀεὶ γιγνομένων, III .

2 (54, 9); διοικοῦσι τὰς πόλεις τὰς συμμαχίδας, I.

16 (50, 2); οὐχ οἷόν τε συνάρασθαι εἰς τὸ αὐτὸ τὰς

πόλεις· II.2 (50, 34)

πολιτεία: Περὶ δὲ τῆς 'Αθηναίων πολιτείας, I.1 (47, 1) =

III.1 (53, 27); ὅτι μὲν εἵλοντο τοῦτον τὸν τρόπον τῆς

πολιτείας, I.1 (47, 2); ὡς εὖ διασῴζοντες τὴν πολ-
ιτείαν I.1 (47, 5); ὥστε μὲν γὰρ βέλτιον ἔχειν τὴν
πολιτείαν, III.9 (55, 8)

πολιτεύω: ὅπως δὴ βέλτιον πολιτεύσονται, III.9 (55, 10)

πολίτης: καὶ λέγειν ἐξεῖναι τῷ βουλομένῳ τῶν πολιτῶν. I.
2 (47, 14); γιγνώσκειν οἵτινες χρηστοί εἰσι τῶν πολ-
ιτῶν καὶ οἵτινες πονηροί, II.19 (53, 18)

πολλάκις: πολλάκις ἂν οἰηθεὶς I.10 (48, 27); ἄνθρωπον
πολλάκις πλέοντα I.19 (50, 21)

πολλός: πολλοὶ οἱ τοιοῦτοι γιγνόμενοι I.4 (47, 25); οἱ
δὲ πολλοὶ ἐλαύνειν εὐθὺς οἷοί τε εἰσβάντες εἰς ναῦς,
I.20 (50, 25); σῖτον οὐχ οἷοί τε ἔχειν πολλοῦ χρονοῦ
πεζῇ ἰόντα· II.5 (51, 14); ἀπελθεῖν πολλῶν ἡμερῶν
ὁδόν· II.5 (51, 13); ἂν τοὺς πολλοὺς ἠτιμῶσθαι ᾿Αθήν-
ησιν, III.13 (55, 29); ὁ δὲ δῆμος αὐτὸς αὑτῷ οἰκο-
δομεῖται ἰδίᾳ παλαίστρας πολλάς, II.10 (52, 1); θύ-
ουσιν οὖν δημοσίᾳ μὲν ἡ πόλις ἱερεῖα πολλά· II.9
(51, 33); πολλὰ μὲν περὶ τοῦ πολέμου, III.2 (54, 7);
πολλὰ δὲ περὶ πόρου χρημάτων, III.2 (54, 7); πολλὰ
δὲ περὶ νόμων θέσεως, III.2 (54, 8); πολλὰ δὲ περὶ
τῶν κατὰ πόλιν ἀεὶ γιγνομένων, III.2 (54, 8); πολλὰ
δὲ καὶ τοῖς συμμάχοις, III.2 (54, 9); ἀπὸ χρημάτων
πολλὰ διαπράττεσθαι ᾿Αθήνησι III.3 (54, 14); πολλὰ
ἔτι πάνυ παραλείπω· III.5 (54, 25); ὡς τὰ πολλὰ III.

134.

5 (54, 27); οἷόν τε πολλά ἐξευρεῖν· III.9 (55, 8)

πολυπραγμοσύνη: ἐὰν μὴ διὰ πολυπραγμοσύνην καὶ διὰ τὸ
   ζητεῖν πλέον τι ἔχειν τοῦ δήμου, II.18 (55, 13)

πολύς: πολὺ μᾶλλον ἢ οἱ ὁπλῖται I.2 (47, 11); ὡς ἐπὶ
   τὸ πολύ, II.18 (53, 13); πολὺ ἧττον <δὲ> δικαίως
   δικάζειν. III.7 (55, 1); πολὺ δ' οὐχ οἷόν τε μετα-
   κινεῖν, III.8 (55, 7)

πονηρία: ἐν δὲ τῷ δήμῳ ἀμαθία τε πλείστη καὶ ἀταξία καὶ
   πονηρία· I.5 (48, 2); οἱ δὲ γιγνώσκουσιν ὅτι ἡ
   τούτου ἀμαθία καὶ πονηρία καὶ εὔνοια μᾶλλον λυσιτελεῖ
   I.7 (48, 11)

πονηρός: ἄνθρωπος πονηρὸς I.6 (48, 9); γιγνώσκειν οἵ-
   τινες χρηστοί εἰσι τῶν πολιτῶν καὶ οἵτινες πονηροί,
   II.19 (53, 18); κἂν πονηροὶ ὦσι, II.19 (53, 19);
   πανταχοῦ πλέον νέμουσι τοῖς πονηροῖς καὶ πένησι καὶ
   δημοτικοῖς ἢ τοῖς χρηστοῖς, I.4 (47, 22); εἵλοντο
   τοὺς πονηροὺς ἄμεινον πράττειν ἢ τοὺς χρηστούς. I.1
   (47, 3); ἐῶντες καὶ τοὺς πονηροὺς λέγειν. I.6 (48,
   6); ἔπειτα κολάσουσι οἱ χρηστοὶ τοὺς πονηροὺς I.9
   (48, 19); τοὺς δὲ πονηροὺς αὔξουσιν. I.14 (49, 20)

Πόντος: ἢ ἐν τῷ Πόντῳ II.7 (51, 25)

πορεία: βραδεῖαί τε γὰρ αἱ πορεῖαι II.5 (51, 14)

πόρος: πολλά δὲ περὶ πόρου χρημάτων, III.2 (54, 8)

που: ἢ ἄλλοθί που, II.7 (51, 25)

πρᾶγμα: διὰ τὸ πλῆθος τῶν πραγμάτων III.1 (54, 2); τοσ-
   ούτων ὑπαρχόντων πραγμάτων III.2 (54, 11); οὔ φημι
   οἷόν τ' εἶναι ἄλλως ἔχειν τὰ πράγματα 'Αθήνησιν III.
   8 (55, 5)

πράττω: οἱ κήρυκες ἄμεινον πράττουσι διὰ τὰς ἐπιδημίας
   τὰς τῶν συμμάχων, I.17 (50, 10); ἵνα +λαμβάνων μὲν
   πράττῃ+ τὰς ἀποφοράς, I.11 (48, 33); ἐὰν δὲ εὖ
   πράττωσιν οἱ πλούσιοι καὶ οἱ χρηστοί, I.4 (47, 26);
   ἄμεινον πράττειν· I.17 (50, 8); εἵλοντο τοὺς πονη-
   ροὺς ἄμεινον πράττειν ἢ τοὺς χρηστούς. I.1 (47, 3);
   μηδὲ λέγειν τὰ δίκαια ‹μηδὲ› πράττειν, III.13 (55, 30)
   οἱ μὲν γὰρ πένητες καὶ οἱ δημοτικοὶ καὶ οἱ χείρους εὖ
   πράττοντες καὶ πολλοὶ οἱ τοιοῦτοι γιγνόμενοι τὴν δημο-
   κρατίαν αὔξουσιν· I.4 (47, 24)

πρέσβυς: τούς τε στρατηγοὺς καὶ τοὺς τριηράρχους καὶ πρέσ-
   βεις· I.18 (50, 13)

προδίδωμι: μηδέποτε προδοθῆναι τὴν πόλιν ὑπ' ὀλίγων II.15
   (52, 25)

προέχω: παρὰ πᾶσαν ἤπειρόν ἐστιν ἢ ἀκτὴ προέχουσα ἢ νῆσος
   προκειμένη ἢ στενόπορόν τι· II.13 (52, 15)

προκεῖμαι: παρὰ πᾶσαν ἤπειρόν ἐστι ἢ ἀκτὴ προέχουσα ἢ

νῆσος προκειμένη ἢ στενόπορόν τι· ΙΙ.13 (52, 15)

προμελετάω: ἅτε ἐν παντὶ τῷ βίῳ προμεμελετηκότες. Ι.20
(50, 26)

Προμήθια: διαδικάσαι εἰς Διονύσια καὶ Θαργήλια καὶ Παν-
αθήναια καὶ Προμήθια καὶ Ἡφαίστια ὅσα ἔτη· ΙΙΙ.4
(54, 19)

πρός: πρὸς δὲ ΙΙ.2 (50, 31); πρὸς δὲ τούτοις Ι.17 (50,
6) = Ι.18 (50, 11) = Ι.19 (50, 19); = ΙΙ.12 (52, 9) =
ΙΙ.15 (52, 24) = ΙΙΙ.4 (54, 21) = ΙΙΙ.8 (55, 1); Ἔτι
δὲ πρὸς τούτοις ΙΙ.13 (52, 15); πρὸς τῷ σφετέρῳ ἀγ-
αθῷ πεφυκέναι, ΙΙ.19 (53, 20); πρὸς δὲ τούτοις χορ-
ηγοῖς ΙΙΙ.4 (54, 18); ἰσηγορίαν τοῖς δούλοις πρὸς
τοὺς ἐλευθέρους Ι.12 (49, 2); καὶ τοῖς μετοίκοις
πρὸς τοὺς ἀστούς, Ι.12 (49, 3); προσίῃ πρὸς βουλὴν
ἢ δῆμον, ΙΙΙ.3 (54, 12); ὥστε καὶ διασκευάσασθαι
ῥᾴδιον ἔσται πρὸς ὀλίγους δικαστὰς ΙΙΙ.7 (54, 34)

προσδέχομαι: μηδὲ προδέχεσθαι τοὺς πολεμίους· ΙΙ.14 (52,
21)

πρόσειμι: ἤν τις ἀργύριον ἔχων προσίῃ πρὸς βουλὴν ἢ δῆμον,
ΙΙΙ.3 (54, 12); ἐὰν δὲ προσίωσιν, ΙΙ.4 (51, 10)

προσήκων: διὰ ταῦτα οὖν Ἀθηναῖοι τὰ σφίσιν αὐτοῖς προσ-
ήκοντα αἱροῦνται. ΙΙΙ.10 (55, 17)

προστίθημι: τὸ μὲν ἀφελεῖν τὸ δὲ προσθεῖναι, III.8 (55,
   6); κατὰ μικρόν τι προσθέντα ἢ ἀφελόντα. III.9 (55,
   11)

πρόφασις: προφάσεις μυρίας ἐξηύρηκε II.17 (53, 7)

πρυτανεία: ἀπὸ τῶν πρυτανειῶν τὸν μισθὸν δι' ἐνιαυτοῦ
   λαμβάνειν I.16 (50, 1)

πρῳράτης: καὶ οἱ κυβερνῆται καὶ οἱ κελευσταὶ καὶ οἱ πεντ-
   ηκόνταρχοι καὶ οἱ πρῳρᾶται καὶ οἱ ναυπηγοί, I.2 (47,
   10)

πρῶτος: Πρῶτον μὲν οὖν τοῦτ' ἐρῶ, I.2 (47, 7); πρῶτον
   μὲν I.16 (49, 20) = II.7 (51, 23); πρῶτον μὲν γὰρ
   I.17 (50, 7); οὕστινας πρῶτον μὲν δεῖ ἑορτάσαι ἑορ-
   τάς III.2 (54, 3); πρῶτα μὲν ὄψει τοὺς δεξιωτάτους
   I.9 (48, 18)

πύλη: μηδὲ πύλας ἀνοιχθῆναι II.15 (52, 26)

πυνθάνομαι: οὐδὲ ἀρέσκει οἵ γε τὰ συγκείμενα +πυνθάνονται+
   II.17 (53, 6)

πῶς: πῶς γὰρ νῆσον οἰκούντων ταῦτ' ἂν ἐγίγνετο; II.15
   (52, 26); πῶς γὰρ ἂν καὶ οἷοί τε εἶεν, III.2 (54,
   3); πῶς ἂν οὖν ἀδίκως οἴοιτό τις III.13 (55, 28)

P

ῥᾴδιος: ὥστε καὶ διασκεύασασθαι ῥᾴδιον ἔσται πρὸς ὀλγίους
    δικαστάς III.7 (54, 34); ἀρκούντως δὲ τοῦτον ἐξ-
    ευρεῖν...οὐ ῥᾴδιον, III.9 (55, 16)

ῥᾳδίως: οἱ δὲ κατὰ θάλατταν ῥᾳδίως (sc. φέρουσι)· II.6
    (51, 19)

Σ

σίδηρος: παρὰ δὲ τοῦ σίδηρος, II.11 (52, 8); οὐδὲ χαλ-
κὸς καὶ σίδηρος ἐκ τῆς αὐτῆς πόλεως II.12 (52, 13);
τί δ᾽ εἴ τις σιδήρῳ ἢ χαλκῷ ἢ λίνῳ πλουτεῖ πόλις (;)
II.11 (52, 5)

Σικελία: ὃ τι ἐν Σικελίᾳ ἡδὺ II.7 (51, 24)

σῖτος: καὶ σῖτον οὐχ οἷόν τε ἔχειν II.5 (51, 14)

σμικρός: Εἰ δὲ δεῖ καὶ σμικροτέρων μνησθῆναι, II.7 (51,
22)

σός: ἐὰν δὲ δεδίῃ ὁ σὸς δοῦλος ἐμέ, I.11 (48, 35)

σοφία: ἡ τοῦ χρηστοῦ ἀρετὴ καὶ σοφία καὶ κακόνοια. I.7
(48, 12)

στασιάζω: τοὺς χείρους αἱροῦνται ἐν ταῖς πόλεσι ταῖς στασ-
ιαζούσαις. III.10 (53, 13); νῦν μὲν γὰρ εἰ στασιά-
σαιεν, II.15 (52, 28); ἐλπίδα ἂν ἔχοντες ἐν τοῖς
πολεμίοις στασιάσειαν II.15 (52, 29); μηδ᾽ αὖ
στασιάσαι τῷ δήμῳ μηδένα, II.15 (52, 27)

στενόπορον: παρὰ πᾶσαν ἤπειρόν ἐστιν ἢ ἀκτὴ προέχουσα ἢ
νῆσος προκειμένη ἢ στενόπορόν τι· II.13 (52, 16)

στερέω: γιγνώσκοντες ὅτι εἰ αὐτὴν ἐλεήσουσιν ἑτέρων

ἀγαθῶν μειζόνων στερήσονται. ΙΙ.16 (52, 34)

στρατηγία: (οὔτε τῶν στρατηγιῶν κλήρῳ οἴονται σφίσι χρῆναι
    οὔτε τῶν ἱππαρχιῶν) Ι.3 (47, 17)

στρατηγός: τούς τε στρατηγοὺς καὶ τοὺς τριηράρχους καὶ
    πρέσβεις· Ι.18 (50, 12)

σύ: ὃ γὰρ σὺ νομίζεις οὐκ εὐνομεῖσθαι, Ι.8 (48, 16);
    οὔτε ὑπεκστήσεταί σοι ὁ δοῦλος. Ι.10 (48, 24); οὐκ-
    έτι ἐνταῦθα λυσιτελεῖ τὸν ἐμὸν δοῦλον σὲ δεδιέναι· Ι.
    11 (48, 34); ὁ ἐμὸς δοῦλος σ' ἐδεδοίκει· Ι.11 (48,
    35)

συγγιγνώσκω: δημοκρατίαν δ' ἐγὼ μὲν αὐτῷ τῷ δήμῳ συγ-
    γιγνώσκω· ΙΙ.20 (53, 23)

συγγνώμη: αὐτὸν μὲν γὰρ εὖ ποιεῖν παντὶ συγγνώμη ἐστίν·
    ΙΙ.20 (53, 24)

συγκεῖμαι: οὐδὲ ἀρέσκει οἵ γε τὰ συγκείμενα ΙΙ.17 (53, 5)

συκοφαντέω: ὅτι ἐκπλέοντες συκοφαντοῦσιν, Ι.14 (49, 15)

συμμαχία: συμμαχίας καὶ τοὺς ὅρκους ταῖς μὲν ὀλιγαρχουμέν-
    αις πόλεσιν ἀνάγκη ἐμπεδοῦν· ΙΙ.17 (53, 1)

συμμαχίς: οἱ μὲν χρηστοὶ 'Αθηναίων τοὺς χρηστοὺς ἐν ταῖς
    συμμαχίσι πόλεσι σῴζουσι, Ι.14 (49, 21); διοικοῦσι
    τὰς πόλεις τὰς συμμαχίδας, Ι.16 (50, 2)

σύμμαχος: ἐὰν οἱ σύμμαχοι δυνατοί ὦσι χρήματα εἰσφέρειν·
I.15 (49, 24); εἰ μὲν μὴ ἐπὶ δίκας ἦεσαν οἱ σύμμαχοι,
I.18 (50,11); οἱ σύμμαχοι δοῦλοι τοῦ δήμου τῶν ᾿Αθην-
αίων καθεστᾶσι μᾶλλον. I.18 (50, 17); περὶ δὲ τῶν
συμμάχων-, I.14 (49, 15); τὰ τῶν συμμάχων χρήματα
ἕνα ἕκαστον ᾿Αθηναίων ἔχειν, I.15 (49, 25); οἱ κήρ-
υκες ἄμεινον πράττουσι διὰ τὰς ἐπιδημίας τὰς τῶν συμ-
μάχων. I.17 (50, 10); νῦν δ᾿ ἠνάγκασται τὸν δῆμον
κολακεύειν τὸν ᾿Αθηναίων εἰς ἕκαστος τῶν συμμάχων, I.
18 (50, 14); τῶν δὲ συμμάχων οἳ φέρουσι τὸν φόρον II.
1 (50, 29); εἰ τῶν συμμάχων κρείττονές εἰσι. II.1
(50, 30); τῶν δικῶν ᾿Αθήνησιν οὐσῶν τοῖς συμμάχοις·
I.17 (50, 7); πολλὰ δὲ καὶ τοῖς συμμάχοις, III.2
(54, 9); τοὺς συμμάχους ἀναγκάζουσι πλεῖν ἐπὶ δίκας
᾿Αθήναζε. I.16 (49, 28)

σύμπας: οἱ σύμπαντες ἄνθρωποι III.2 (54, 6)

συμφέρω: οὐ συνήνεγκεν αὐτοῖς· III.11 (55, 19)

σύμφορος: οὐ τοῦ δικαίου αὐτοῖς μᾶλλον μέλει ἢ τοῦ αὐτοῖς
συμφόρου. I.13 (49, 14); τοὺς δὲ σφίσιν αὐτοῖς ἐπι-
τηδείους καὶ συμφόρους φιλοῦσι, II.9 (53, 19)

συναίρω: οὐχ οἷόν τε συνάρασθαι εἰς τὸ αὐτὸ τὰς πόλεις· II.
2 (50, 34)

συνδεκάζω: ὥστε καὶ διασκευάσασθαι ῥάδιον ἔσται πρὸς ὀλίγους
δικαστὰς καὶ συνδεκάσαι, III.7 (55, 1)

συνέρχομαι - σφεῖς

συνέρχομαι: εἰ δ' οἷόν τε καὶ λαθεῖν συνελθοῦσιν εἰς
ταὐτὸ τοῖς νησιώταις ΙΙ.2 (51, 2)

συνθήκη: ἢν δὲ μὴ ἐμμένωσι ταῖς συνθήκαις ΙΙ.17 (53, 2)

συνοικία: ἔπειτα εἴ τῳ συνοικία ἐστίν, Ι.17 (50, 8)

συνοικίζω: τοῖς μὲν κατὰ γῆν ἀρχομένοις οἷόν τ' ἐστιν ἐκ
μικρῶν πολέων συνοικισθέντας ἀθρόους μάχεσθαι· ΙΙ.2
(50, 33)

συντίθημι: ὀνόματα ἀπὸ τῶν ὀλίγων οἳ συνέθεντο. ΙΙ.17
(53, 3); ἄσσα δ' ἂν ὁ δῆμος συνθῆται, ΙΙ.17 (53, 3)

σφεῖς: τούτους ἂν σφῶν αὐτῶν ἀπώλλυσαν Ι.16 (50, 5);
οὐδὲν τῶν σφῶν ἐμπρήσουσιν οὐδὲ τεμοῦσιν, ΙΙ.14 (52,
23); (οὔτε τῶν στρατηγιῶν κλήρῳ οἴονται σφίσι χρῆναι
οὔτε τῶν ἱππαρχιῶν) Ι.3 (47, 17); ἰσχυρὸν τὸν ἐναντ-
ίον σφίσιν αὐτοῖς καθιστᾶσιν οἱ δημοτικοί. Ι.4 (47,
26); τοῖς ὁμοίοις σφίσιν αὐτοῖς ἦν ἀγαθά, Ι.6 (48,
7); γιγνώσκοντες ὅτι σφίσι ἀγαθόν ἐστι τοὺς βελτ-
ίστους σῴζειν Ι.14 (49, 22); σφίσιν αὐτοῖς τὴν αἰτίαν
ἀνατιθέασι. ΙΙ.17 (53, 9); τοὺς μὲν σφίσιν αὐτοῖς
ἐπιτηδείους καὶ συμφόρους φιλοῦσι, ΙΙ.19 (53, 18);
ᾑροῦντ' ἂν οὐχὶ τοὺς ταὐτὰ γιγνώσκοντας σφίσιν αὐτοῖς·
ΙΙΙ.10 (55, 15); τὰ σφίσιν αὐτοῖς προσήκοντα ΙΙΙ.10
(55, 18); καὶ τῶν μὲν πολεμίων ἥττους τε σφᾶς αὐτοὺς
ἡγοῦνται εἶναι ΙΙ.1 (50, 28)

143.

σφέτερος: ἀποπλεῦσαι ἀπὸ τῆς σφετέρας αὐτῶν II.5 (51,

12); οὐχ οἷόν τε ἀπὸ τῆς σφετέρας αὐτῶν ἀπελθεῖν

II.5 (51, 13); οὐ γὰρ νομίζουσι τὴν ἀρετὴν αὐτοῖς

πρὸς τῷ σφετέρῳ ἀγαθῷ πεφυκέναι, II.19 (53, 20)

σχῆμα: οἱ μὲν Ἕλληνες ἰδίᾳ μᾶλλον καὶ φωνῇ καὶ διαίτῃ

καὶ σχήματι χρῶνται, II.8 (51, 28)

σῴζω: οἱ δὲ χρηστοὶ Ἀθηναίων τοὺς χρηστοὺς ἐν ταῖς συμ-

μαχίσι πόλεσι σῴζουσι, I.14 (49, 21); καὶ τοὺς μὲν

τοῦ δήμου σῴζουσι, I.16 (50, 3); ἀλλ' ἡ δημοκρατία

μάλιστ' ἂν σῴζοιτο οὕτως. I.8 (48, 14); τοὺς βελτ-

ίστους σῴζειν ἀεὶ ἐν ταῖς πόλεσιν. I.14 (49, 22)

σωτηρία: ἔπειτα ὁπόσαι μὲν σωτηρίαν φέρουσι τῶν ἀρχῶν

χρησταὶ οὖσαι καὶ μὴ χρησταὶ κίνδυνον τῷ δήμῳ ἅπαντι,

I.3 (47, 15)

τάξις: τὸ δὲ μέγιστον εἴρηται πλὴν αἱ τάξεις τοῦ φόρου·
III.5 (54, 26)

ταχύς: τάχιστ' ἂν ὁ δῆμος εἰς δουλείαν καταπέσοι. I.9
(48, 22)

τε: μετεῖναι ἔν τε τῷ κλήρῳ καὶ ἐν τῇ χειροτονίᾳ I.2 (47,
13); ἀκολασία τε ὀλιγίστη καὶ ἀδικία, I.5 (47, 28);
ἀμαθία τε πλείστη καὶ ἀταξία I.5 (48, 1); ἥ τε γὰρ
πενία I.5 (48, 2); αὐτῷ τε καὶ τοῖς ὁμοίοις αὐτῷ.
I.6 (48, 9); ἐσθῆτά τε γὰρ οὐδὲν βελτίων I.10 (48,
27); διά τε τὸ πλῆθος τῶν τεχνῶν καὶ διὰ τὸ ναυτικόν·
I.12 (49, 4); ἵνα αὐτός τε ἔχῃ καὶ οἱ πλούσιοι πεν-
έστεροι γίγνωνται· I.13 (49, 12); ἔν τε τοῖς δικ-
αστηρίοις I.13 (49, 13); τούς τε στρατηγοὺς καὶ τοὺς
τριηράρχους I.18 (50, 12); αὐτοί τε καὶ οἱ ἀκόλ-
ουθοι· I.19 (50, 21); δι' ἐμπειρίαν τε τῶν πλόων καὶ
διὰ μελέτην· I.20 (50, 23); οἱ δὲ πολλοὶ ἐλαύνειν
εὐθέως οἷοί τε εἰσβάντες εἰς ναῦς, I.20 (50, 26); καὶ
τῶν μὲν πολεμίων ἥττους τε σφᾶς αὐτοὺς ἡγοῦνται εἶναι
καὶ ὀλείζους, II.1 (50, 28); οἷόν τ' ἐστίν...μάχεσθαι·
II.2 (50, 32); οἷόν τε συνάρασθαι II.2 (50, 34); εἰ
δ' αἷόν τε καὶ λαθεῖν II.2 (51, 2); οἷόν τ' ἐστὶ
ποιεῖν II.4 (51, 7); οἷόν τ' ἀποπλεῦσαι II.5 (51,
12); οὐχ οἷόν τε...ἀπελθεῖν II.5 (51, 13); βραδεῖαί

τε γὰρ αἱ πορεῖαι ΙΙ.5 (51, 14); καὶ σῖτον οὐχ οἷόν
τε ἔχειν ΙΙ.5 (51, 14); οὐχ οἷόν τέ ἐστιν (sc. θύ-
ειν) ΙΙ.9 (51, 30); οἷοί τ' εἰσὶν ἔχειν ΙΙ.11 (52,
3); μᾶλλον οἷόν τε διαλαθεῖν ΙΙ.20 (53, 26); οὐχ
οἷοί τε πάντας ἀποπέμπειν ΙΙΙ.1 (54, 2); πῶς γὰρ ἂν
καὶ οἷοί τε εἶεν, ΙΙΙ.2 (54, 3); μὴ οἷοί τ' εἰσὶ
(sc. χρηματίσαι); ΙΙΙ.2 (54, 11); ἐάν τε ὑβρίζωσί
τινες ΙΙΙ.5 (54, 24); ἐάν τε ἀσεβήσωσι. ΙΙΙ.5
(54, 25); ἐν αἷς οὐχ οἷόν τε δικάζειν· ΙΙΙ.8 (55,
3); οἷόν τε τὸ μὲν ἀφελεῖν τὸ δὲ προσθεῖναι, ΙΙΙ.
8 (,55, 6); πολὺ δ' οὐχ οἷόν τε μετακινεῖν, ΙΙΙ.8
(55, 7); οἷόν τε πολλὰ ἐξευρεῖν· ΙΙΙ.9 (55, 8);
οὔ φημι οἷόν τ' ἔχειν ΙΙΙ.8 (55, 5)

τέμενος: θυσίας δὲ καὶ ἱερὰ καὶ ἐορτὰς καὶ τεμένη, ΙΙ.
9 (51, 30)

τέμνω: τέμνειν τὴν γῆν τῶν κρειττόνων· ΙΙ.4 (51, 8);
τὴν δ' Ἀττικὴν γῆν περιορῶσι τεμνομένην, ΙΙ.16
(52, 33); οὐδὲν τῶν σῶν ἐμπρήσουσιν οὐδὲ τεμοῦσιν,
ΙΙ.14 (52, 23); μηδὲ τμηθῆναι τὴν ἑαυτῶν γῆν ΙΙ.
14 (52, 20)

τετρακόσιος: καὶ τριήραρχοι καθίστανται τετρακόσιοι ἑκά-
στου ἐνιαυτοῦ, ΙΙΙ.4 (54, 20)

τέχνη: διά τε τὸ πλῆθος τῶν τεχνῶν Ι.12 (49, 4)

τίθημι: ἀλλ' ἐγὼ μὲν τίθημι ἴσας τῇ ὀλιγίστας ἀγούσῃ

πόλει. III.8 (55, 4); πρῶτα μὲν ὄψει τοὺς δεξ-
ιωτάτους αὐτοῖς τοὺς νόμους τιθέντας· I.9 (48, 18)

τιμάω: τοὺς ἐκπλέοντας Ἀθηναίων ἐτίμων ἂν μόνους, I.18
(50, 12)

τίς: τί ἂν οὖν γνοίη ἀγαθὸν αὐτῷ ἢ τῷ δήμῳ (;) I.7 (48,
10); τί δ' εἴ τις σιδήρῳ ἢ χαλκῷ ἢ λίνῳ πλουτεῖ
πόλις (;) II.11 (52, 5)

τις: εἴποι δ' ἄν τις I.6 (48, 4); εἴποι τις ἄν, I.7
(48, 11); εἰ δέ τις καὶ τοῦτο θαυμάζει I.11 (48,
29); εἴποι δέ τις ἄν I.15 (49, 23); εἰ γὰρ τις
πόλις πλουτεῖ II.11 (52, 4); τί δ' εἴ τις...πλουτεῖ
πόλις (;) II.11 (52, 5); εἴ τίς τινα βούλεται (sc.
κωμῳδεῖν), II.18 (53, 12); ἤν τις ἀργύριον ἔχων
προσίῃ πρὸς βουλὴν ἢ δῆμον, III.3 (54, 12); οὐδ' εἰ
ὁποσονοῦν χρυσίον καὶ ἀργύριον διδοίη τις αὐτοῖς.
III.3 (54, 17); εἴ τις τὴν ναῦν μὴ ἐπισκευάζει III.
4 (53, 17); εἰπάτω γάρ τις III.6 (54, 28); ἀλλὰ
φήσει τις χρῆναι δικάζειν μέν, III.7 (54, 32); Ὑπο-
λάβοι δέ τις ἄν III.12 (55, 24); πῶς ἂν οὖν ἀδίκως
οἴοιτό τις III.13 (55, 28); παρὰ πᾶσαν ἤπειρόν
ἐστιν ἢ ἀκτὴ προέχουσα ἢ νῆσος προκειμένη ἢ στενό-
πορόν τι· II.13 (52, 16); καὶ ἂν μέν τι κακὸν ἀνα-
βαίνῃ II.17 (53, 7); ἐὰν δέ τι ἀγαθὸν (sc. ἀνα-
βαίνῃ), II.17 (53, 9); ἆρα δή τι θαυμαστόν ἐστιν
III.2 (54, 10); καὶ ἐάν τι ἄλλο ἐξαπιναῖον ἀδίκημα

γίγνηται, III.5 (54, 24); ὀλίγοι δέ τινες τῶν πεν-
ήτων καὶ δημοτικῶν κωμῳδοῦνται II.18 (53, 14); λέγ-
ουσι δέ τινες· III.2 (54, 12); ἐάν τε ὑβρίζωσί τινες
ἄηθες ὕβρισμα, III.5 (54, 25); ὀλίγοι μέντοι τινές.
III.12 (55, 25); εἴ τινες δικαίως ἠτίμωνται, III.12
(55, 27); εἴ τινες ἀδίκως (sc. ἠτίμωνται), III.12
(55, 28); καὶ εἰσιόντος του ἐπιλαμβάνεσθαι τῆς χειρ-
ός. I.18 (50, 17); ἢ ὑπὸ του ἀδικῇ, II.17 (53, 2);
ἔπειτα εἴ τῳ συνοικία ἐστίν, I.17 (50, 8); εἴ τῳ
ζεῦγός ἐστιν I.17 (50, 9); οὐκ ἐν ἄλλοις τισὶν ἀλλ'
ἐν τῷ δήμῳ, I.18 (50, 15); (ἐν δὲ ταύταις ἧττόν
τινα δυνατόν ἐστι διαπράττεσθαι τῶν τῆς πόλεως) III.
2 (54, 4); κατὰ τύχην τι αὐτοῖς τοιοῦτον καθέστηκε·
II.2 (50, 31); εἰσάγεσθαί τι ἢ ἐξάγεσθαι· II.3 (51,
5); διὰ τὸ ζητεῖν πλέον τι ἔχειν τοῦ δήμου, II.18
(53, 15); ἢ κατοικοδομεῖ τι δημόσιον· III.4 (54, 18);
ὥστε μὴ οὐχὶ τῆς δημοκρατίας ἀφαιρεῖν τι. III.8 (55,
7); κατὰ μικρόν τι III.8 (55, 6) = III.9 (55, 11);
ταῦτα χρὴ λογιζόμενον μὴ νομίζειν εἶναί τι δεινὸν III.
13 (55, 32); καὶ τάδε τινὰς ὁρῶ μεμφομένους 'Αθην-
αίους III.1 (55, 31); ἐγὼ δὲ φημί τινας εἶναι III.
12 (55, 25)

τοι: ἐπεί τοι καὶ οὕτως ἔχει, III.12 (55, 26)

τοίνυν: ἀπὸ τούτων τοίνυν τῶν ἀγαθῶν I.9 (48, 21); ταῦτα
τοίνυν οὐκ ἔσται αὐτῇ, II.3 (51, 6); φέρε δὴ τοίνυν,
III.6 (54, 27); ἀνάγκη τοίνυν, III.7 (54, 33);

τούτων τοίνυν τοιούτων ὄντων III.8 (55, 4)

τοιοῦτος: τί ἂν οὖν γνοίη ἀγαθὸν αὐτῷ ἢ τῷ δήμῳ τοιοῦτος
ἄνθρωπος; I.7 (48, 10); οἱ μὲν γὰρ πένητες καὶ οἱ
δημοτικοὶ καὶ οἱ χείρους εὖ πράττοντες καὶ πολλοὶ οἱ
τοιοῦτοι γιγνόμενοι I.4 (47, 25); εἴη μὲν οὖν ἂν
πόλις οὐκ ἀπὸ τοιούτων διαιτημάτων ἡ βελτίστη, I.8
(48, 13); ἐκ τοιούτων ἄτιμοί εἰσιν ᾿Αθήνησι. III.
13 (55, 31); τούτων τοίνυν τοιούτων ὄντων III.8
(55, 4); κατὰ τύχην τι αὐτοῖς τοιοῦτον καθέστηκε·
II.2 (50, 31); ὥστε οὐδὲ τοὺς τοιούτους ἄχθονται
κωμῳδουμένους. II.18 (53, 16)

τοσοῦτος: τοσούτων ὑπαρχόντων πραγμάτων III.2 (54, 10)

τρεῖς: οὐδὲ δύο ἢ τρία μίᾳ πόλει, ιI.2 (52, 14)

τρέχω: καὶ ᾄδων καὶ τρέχων καὶ ὀρχούμενος καὶ πλέων ἐν
ταῖς ναυσίν, I.13 (49, 12)

τριηραρχέω: καὶ γυμνασιαρχοῦσι οἱ πλούσιοι (καὶ τριηραρ-
χοῦσι added in C only) I.13 (49, 10); ὁ δὲ δῆμος τρι-
ηραρχεῖται καὶ γυμνασιαρχεῖται. I.13 (48, 10)

τριηραρχία: ἐν ταῖς χορηγίαις αὖ καὶ γυμνασιαρχίαις καὶ
τριηραρχίαις I.13 (49, 9)

τριήραρχος: καὶ τριήραρχοι καθίστανται τετρακόσιοι ἑκ-
άστου ἐνιαυτοῦ, III.4 (54, 20); τούς τε στρατηγοὺς
καὶ τοὺς τριηράρχους καὶ πρέσβεις· I.18 (50, 12)

τριήρης: οἱ δ᾽ ἐντεῦθεν ἐπὶ τριήρεσι κατέστησαν· I.20
   (50, 25)

τρόπος: ἐξηῦρεν ὅτῳ τρόπῳ ἔσται ταῦτα. II.9 (51, 32);
   τούτῳ τῷ τρόπῳ χρώμενοι III.1 (53, 29); ὅτι μὲν
   εἵλοντο τοῦτον τὸν τρόπον τῆς πολιτείας, I.1 (47,
   2); τὸν μὲν τρόπον οὐκ ἐπαινῶ· III.1 (53, 28);
   τρόπους εὐωχιῶν ἐξηῦρον II.7 (51, 23)

τρυφάω: ἐῶσι τοὺς δούλους τρυφᾶν αὐτόθι I.11 (48, 30)

τυγχάνω: οὐκ ἔτυχον οἰκήσαντες νῆσον, II.16 (52, 30)

τύπτω: εἰ νόμος ἦν τὸν δοῦλον ὑπὸ τοῦ ἐλευθέρου τύπτ-
   εσθαι I.10 (48, 26)

τύχη: κατὰ τύχην τι αὐτοῖς τοιοῦτον καθέστηκε· II.2 (50,
   31)

ὑβρίζω: ἐάν τε ὑβρίζωσί τινες ἄηθες ὕβρισμα, III.5 (54,
    25)

ὕβρισμα: ἐάν τε ὑβρίζωσί τινες ἄηθες ὕβρισμα, III.5 (54,
    25)

ὑπάρχω: (sc. οὐχ) ὑπάρχουσιν ὥστε παύειν τοὺς ἀδικοῦντας
    III.6 (54, 30); ὥστε μέντοι ὑπάρχειν μὲν δημοκρατίαν
    εἶναι, III.9 (55, 9); τοσούτων ὑπαρχόντων πραγμάτων
    III.2 (54, 11); ὑπῆρχεν ἄν αὐτοῖς ποιεῖν μὲν κακῶς,
    II.14 (52, 19)

ὑπεξίστημαι: οὔτε ὑπεκστήσεταί σοι ὁ δοῦλος. I.10 (48,
    24)

ὑπερόριος: διὰ τὴν κτῆσιν τὴν ἐν τοῖς ὑπερορίοις I.19
    (50, 19); διὰ τὰς ἀρχὰς τὰς εἰς τὴν ὑπερορίαν I.19
    (50, 20)

ὑπέρχομαι: νῦν δὲ οἱ γεωργοῦντες καὶ οἱ πλούσιοι Ἀθην-
    αίων ὑπέρχονται τοὺς πολεμίους μᾶλλον, II.14 (52,
    22); ἀδεῶς ζῇ καὶ οὐχ ὑπερχόμενος αὐτούς. II.14
    (52, 24)

ὑπήκοος: ἐὰν μὴ ὑπήκοος ᾖ τῶν ἀρχόντων τῆς θαλάττης. II.
    3 (51, 6)

ὑπό: ὑπὸ τοῦ ἐλευθέρου τύπτεσθαι Ι.10 (48, 26); μισ-
εῖσθαι μὲν ἀνάγκη τὸν ἄρχοντα ὑπὸ τοῦ ἀρχομένου, Ι.
14 (49, 17); πόλεις ὑπὸ τῶν 'Αθηναίων ἀρχόμενοι, ΙΙ.
3 (51, 3); μηδέποτε προδοθῆναι τὴν πόλιν ὑπ' ὀλίγων
ΙΙ.15 (52, 26); ἢ ὑπό του ἀδικῇ, ΙΙ.17 (53, 2); ὑπὸ
τοῦ πλήθους τῶν ἀνθρώπων. ΙΙΙ.6 (54, 31)

ὑπολαμβάνω: 'Υπολάβοι δέ τις ἂν ΙΙΙ.12 (55, 24)

Φ

φαίνω: έν αύτῷ τούτῳ φανοῦνται τήν δημοκρατίαν διασῴζ-
οντες. I.4 (47, 23); καί τοῦτο γνώμῃ φανεῖεν ἂν
ποιοῦντες. I.11 (48, 31)

φέρω: ἔπειτα ὁπόσαι μέν σωτηρίαν φέρουσι τῶν ἀρχῶν χρησ-
ταί οὖσαι καί μή χρησταί κίνδυνον τῷ δήμῳ ἅπαντι,
I.3 (47, 15); οἳ φέρουσι τόν φόρον II.1 (50, 29);
οἱ μέν κατά γῆν χαλεπῶς φέρουσιν. II.6 (51, 9);
φέρε δή τοίνυν, III.6 (54, 27); φέρε δή, III.7
(54, 32)

φημί: φημί οὖν ἔγωγε τόν δῆμον τόν 'Αθήνησι γιγνώσκειν
II.19 (53, 16); οὗ φημι οἷόν τ' εἶναι III.8 (55, 5);
έγώ δέ φημί τινας εἶναι III.12 (55, 25); ἀλλά φήσει
τις χρῆναι δικάζειν μέν, III.7 (54, 32)

φιλέω: τούς δέ σφίσιν ἐπιτηδείους καί συμφόρους φιλοῦσι,
II.19 (53, 19)

φίλιος: δεῖ διά φιλίας ἰέναι II.5 (51, 15); ἕως ἂν ἐπί
φιλίαν χώραν ἀφίκηται II.5 (51, 17)

φίλος: οἵτινες φίλοι μάλιστα ἦσαν 'Αθηναίων τῷ δήμῳ. I.
16 (50, 5)

φόρος: τό δέ μέγιστον εἴρηται πλήν αἱ τάξεις τοῦ φόρου·
III.5 (54, 26); οἳ φέρουσι τόν φόρον II.1 (50, 29);

153.

καὶ   φόρον δέξασθαι III.2 (54, 9)

φράζω: οὗ δ᾽ ἔνεκέν ἐστι τοῦτο ἐπιχώριον, ἐγὼ φράσω· I.
   10 (48, 29)

φύλαξ: καὶ φύλακας δεσμωτῶν καταστῆσαι. III.4 (54, 22)

φύσις: τὴν φύσιν οὐ δημοτικοί εἰσι. II.19 (53, 22)

φύω: οὐ γὰρ νομίζουσι τὴν ἀρετὴν αὐτοῖς πρὸς τῷ σφετέρῳ
   ἀγαθῷ πεφυκέναι, II.19 (53, 21)

φωνή: οἱ μὲν ῞Ελληνες ἰδίᾳ μᾶλλον καὶ φωνῇ καὶ διαίτῃ
   καὶ σχήματι χρῶνται, II.8 (51, 28); φωνὴν πᾶσαν
   ἀκούοντες II.8 (51, 26)

X

χαλεπῶς: νόσους τῶν καρπῶν...οἱ κατὰ γῆν κράτιστοι χαλ-
     επῶς φέρουσιν, II.6 (51, 19)

χαλκός: παρὰ τὲ τοῦ χαλκός, II.11 (52, 8); οὐδὲ χαλκὸς
     καὶ σίδηρος ἐκ τῆς αὐτῆς πόλεως II.12 (52, 13); τί
     δ' εἴ τις σιδήρῳ ἢ χαλκῷ ἢ λίνῳ πλουτεί πόλις (;) II.
     11 (52, 5)

χράομαι: ἢ οὐ χρήσονται τῇ θαλάττῃ. II.12 (52, 10)

χείρ: καὶ εἰσιόντος του ἐπιλαμβάνεσθαι τῆς χειρός. I.18
     (50, 17)

χειροτονία: δοκεῖ δίκαιον εἶναι πᾶσι τῶν ἀρχῶν μετεῖναι ἐν
     τε τῷ κλήρῳ καὶ ἐν τῇ χειροτονίᾳ I.2 (47, 14)

χείρων: οἱ μὲν γὰρ πένητες καὶ οἱ δημοτικοὶ καὶ οἱ χείρους
     εὖ πράττοντες καὶ πολλοὶ οἱ τοιοῦτοι γιγνόμενοι I.4
     (47, 24); τοὺς χείρους αἱροῦνται ἐν ταῖς πόλεσι ταῖς
     στασιαζούσαις. III.10 (55, 13)

χορηγέω: χορηγοῦσι μὲν οἱ πλούσιοι, χορηγεῖται δὲ ὁ δῆμος,
     I.13 (49, 9)

χορηγία: ἐν ταῖς χορηγίαις αὖ καὶ γυμνασιαρχίαις καὶ τριηρ-
     αρχίαις I.13 (49, 8)

χορηγός: πρὸς δὲ τούτοις χορηγοῖς III.4 (54, 18)

χράομαι: οἱ μὲν Ἕλληνες ἰδίᾳ μᾶλλον καὶ φωνῇ καὶ διαίτῃ
    καὶ σχήματι χρῶνται, II.8 (51, 28); τούτῳ τῷ τρόπῳ
    χρώμενοι III.1 (53, 29)

χρεία: αἱ δὲ μικραὶ πάνυ διὰ χρείαν (sc. ἄρχονται)· II.3
    (51, 5)

χρή: ὡς ἐχρῆν αὐτοὺς μὴ ἐᾶν λέγειν πάντας ἐξ ἴσης I.6
    (48, 4); ταῦτα οὐκ οἴεισθαι <χρὴ> χρῆναι διαδικάζειν
    ἅπαντα; III.6 (54, 28); εἰπάτω γάρ τις ὃ τι οὐ χρῆν
    αὐτόθι· διαδικάζεσθαι. III.6 (54, 28); εἰ δ' αὖ ὁμο-
    λογεῖν δεῖ ἅπαντα χρῆναι διαδικάζειν III.6 (54, 29);
    ταῦτα χρὴ λογιζόμενον μὴ νομίζειν εἶναί τι δεινὸν III.
    13 (55, 31); ἀλλὰ φήσει τις χρῆναι δικάζειν μέν, III.
    7 (54, 32); οἴεσθαι χρὴ καὶ ἑορτὰς ἄγειν χρῆναι Ἀθην-
    αίους III.8 (55, 2)

χρῆμα: ἡ ἀμαθία δι' ἔνδειαν χρημάτων <ἔνι> ἐνίοις τῶν
    ἀνθρώπων. I.5 (48, 3); ἀπὸ χρημάτων ἀνάγκη τοῖς
    ἀνδραπόδοις δουλεύειν, I.11 (48, 32); πολλὰ δὲ περὶ
    πόρου χρημάτων, III.2 (54, 8); ἀπὸ χρημάτων πολλὰ
    διαπράττεσθαι Ἀθήνησι III.3 (54, 13); κινδυνεύσει
    καὶ τὰ χρήματα διδόναι τὰ ἑαυτοῦ I.11 (49, 1); καὶ
    χρήματα ἀφαιροῦνται I.14 (49, 19); ἐὰν οἱ σύμμαχοι
    δυνατοὶ ὦσι χρήματα εἰσφέρειν· I.15 (49, 24); τὰ
    τῶν συμμάχων χρήματα ἕνα ἕκαστον Ἀθηναίων ἔχειν, I.
    15 (49, 25)

χρηματίζω: ἤν τις ἀργύριον ἔχων προσίῃ πρὸς βουλὴν ἢ

δῆμον, χρηματιεῖται· III.3 (54, 13); ἐνίοτε οὐκ
ἔστιν αὐτόθι χρηματίσαι τῇ βουλῇ οὐδὲ τῷ δήμῳ ἐνι-
αυτὸν καθημένῳ ἀνθρώπῳ· III.1 (53, 32); οὐχ οἷοί
τε πάντας ἀποπέμπειν χρηματίσαντας. III.1 (54, 2)

χρηστός: πολὺ μᾶλλον ἢ οἱ ὁπλῖται καὶ οἱ γενναῖοι καὶ
οἱ χρηστοί. I.2 (47, 12); ἐὰν δὲ εὖ πράττωσιν οἱ
πλούσιοι καὶ οἱ χρηστοί, I.4 (47, 26); εἰ μὲν γὰρ
οἱ χρηστοὶ ἔλεγον καὶ ἐβουλεύοντο, I.6 (48, 7); καὶ
βουλεύσουσιν οἱ χρηστοὶ περὶ τῆς πόλεως I.9 (48, 20);
εἰ δὲ ἰσχύσουσιν οἱ πλούσιοι καὶ οἱ χρηστοὶ ἐν ταῖς
πόλεσιν, I,14 (49, 18); γιγνώσκειν οἵτινες χρηστοί
εἰσι τῶν πολιτῶν καὶ οἵτινες πονηροί, II.19 (53,
17); οἱ δὲ χρηστοὶ 'Αθηναίων τοὺς χρηστοὺς ἐν ταῖς
συμμαχίσι πόλεσι σῴζουσι, I.14 (49, 21); ἔπειτα
ὁπόσαι μὲν σωτηρίαν φέρουσι τῶν ἀρχῶν χρησταὶ οὖσαι
καὶ μὴ χρησταὶ κίνδυνον τῷ δήμῳ ἄπαντι, I.3 (47,
15); ἡ τοῦ χρηστοῦ ἀρετὴ καὶ σοφία καὶ κακόνοια.
I.7 (48, 12); πανταχοῦ πλέον νέμουσι τοῖς πονηροῖς
καὶ πένησι καὶ δημοτικοῖς ἢ τοῖς χρηστοῖς, I.4 (47,
23); εἵλοντο τοὺς πονηροὺς ἄμεινον πράττειν ἢ τοὺς
χρηστούς. I.1 (47, 3); μισοῦσι τοὺς χρηστούς, I.
14 (49, 16); τοὺς μὲν χρηστοὺς ἀτιμοῦσι I.14 (49,
19); ἀκρίβεια δὲ πλείστη εἰς τὰ χρηστά, I.5 (48,
1); τοὺς δὲ χρηστοὺς μισοῦσι μᾶλλον· II.19 (53, 19)

χρόνος: σῖτον οὐχ οἷόν τε ἔχειν πολλοῦ χρόνου πεζῇ ἰόντα·

II.5 (51, 14); διὰ χρόνου <δὲ> διαδικάσαι δεῖ
ἀστρατείας III.5 (54, 23); ἐντὸς ὀλίγου χρόνου
III.11 (55, 19) = III.11 (55, 21) = III.11 (55, 22);
ὀλίγιστον χρόνον ἡ ἀρχὴ ἔσται τοῦ δήμου τοῦ Ἀθήν-
ησι, I.14 (49, 18)

χρυσίον: οὐδ᾽ εἰ ὁποσονοῦν χρυσίον καὶ ἀργύριον διδοίη
τις αὐτοῖς. III.3 (54, 16)

χώρα: ὅπου λίνον ἐστὶ πλεῖσον, λεία χώρα καὶ ἄξυλος II.
12 (52, 13); ἕως ἂν ἐπὶ φιλίαν χώραν ἀφίκηται II.5
(51, 17)

Ω

ὡς: ὡς εὖ διασῴζονται τὴν πολιτείαν I.1 (47, 4); εἴποι
δ' ἄν τις ὡς ἐχρῆν αὐτοὺς μὴ ἐᾶν λέγειν I.6 (48, 4);
ὡς δοκοῦσι, I.14 (49, 15); ὡς κατὰ γῆν ἐπαξόμενοι·
II.15 (52, 29); αἰτιᾶται ὁ δῆμος ὡς ὀλίγοι ἄνθρωποι
αὐτῷ ἀντιπράττοντες διέφθειραν· II.17 (53, 8); ὡς
ἐπὶ τὸ πολύ. II.18 (53, 13); ὄντες ὡς ἀληθῶς τοῦ
δήμου, II.19 (53, 22); ὡς τὰ πολλὰ III.5 (54, 27);
ὡς οὐδὲ νῦν...ὑπάρχουσιν III.6 (54, 30); Ὑπολάβοι
δέ τις ἄν ὡς οὐδεὶς ἄρα ἀδίκως ἠτίμωται Ἀθήνησιν.
III.12 (55, 24)

ὥσπερ: ἤ ὥσπερ νῦν ἔχει, III.8 (55, 5)

ὥστε: ὥστε μὴ κινδυνεύειν περὶ ἑαυτοῦ I.11 (49, 1);
ὥστε ἐκ τῆς εὐθενούσης ἀφικνεῖται τοῖς τῆς θαλάττης
ἄρχουσιν. II.6 (51, 20); ὥστε ἔξεστιν ἐνταῦθα...
λωβᾶσθαι III.13 (52, 16); ὥστε οὐδὲ τοὺς τοιούτους
ἄχθονται κωμῳδουμένους. II.18 (53, 16); (sc. οὐχ)
ὑπάρχουσιν ὥστε παύειν τοὺς ἀδικοῦντας III.6 (54,
31); ὥστε καὶ διασκευάσθαι ῥᾴδιον ἔσται πρὸς ὀλ-
ίγους δικαστὰς III.7 (54, 34); ὥστε μὴ οὐχὶ τῆς
δημοκρατίας ἀφαιρεῖν τι. III.8 (55, 7); ὥστε μὲν
γὰρ βέλτιον ἔχειν τὴν πολιτείαν, III.9 (55, 8);
ὥστε μέντοι ὑπάρχειν μὲν δημοκρατίαν εἶναι, III.9
(55, 9)

ὠφέλεια: ὁπόσαι δ' εἰσὶν ἀρχαὶ μισθοφορίας ἔνεκα καὶ
ὠφελείας εἰς τὸν οἶκον, I.3 (47, 20)

ὠφελέω: γιγνώσκει γὰρ ὁ δῆμος ὅτι πλείω ὠφελεῖται ἐν τῷ
μὴ αὐτὸς ἄρχειν ταύτας τὰς ἀρχάς, I.3 (47, 18)

Concordances in book form are easier to use, less expensive, and more accessible. In book form they *delectant domi, non impediunt foris, pernoctant nobiscum, peregrinantur, rusticantur.* These are some reasons why the *B-C* Publishers want to produce and promote concordances in book form rather than on microfiche.

APULEIUS: *Index Apuleianus.* Oldfather, W.A. et al. Middletown 1934. Rpt. 1979. LI, *491 pages*...................................*$53.*

ARGONAUTICA. *Index in Orphei Argonautica.* Ed. Guiseppe Pompella. 157 pages ....$28.

AUSONIUS. *A Concordance to Ausonius and a Frequency Word List* (Plus Other Indices). Ed. Ladislaus J. Bolchazy and Jo Anne Sweeney. **Forthcoming.**

CHRYSOSTOM: *Indices Chrysostomici.* Ed. Malingrey, Anne-Marie. 197h, *476 pages*...................................*$50.*

CONSTITUTION OF ATHENS. *A Concordance To The Anonymous Constitution Of Athens.* Ed. Dana F. Sutton. 170 pages,
Hardbound ....$30.
Paper ....$20.

QUINTUS CURTIUS RUFUS: *Index Verborum — Releves lexicaux et grammaticaux.* Ed. Therasse, Jean. 1976. *586 pages*..........*$59.*

L. ANNIUS FLORUS: *Lexicon Florianum* (Historical Works). Ed. Fele, M.L. 1975. *748 pages*.................................*$70.*

M. CORNELIUS FRONTO: *Lessico del De orationibus e del De eloquentia di M.C. Frontone con rilevazioni statistiche.* Ed. Garrone, F., Mattea, M., Russo F. 1976. XI, *390 pages*.................*$47.*

HESIOD: *A Computer Concordance to Hesiod.* Ed. Tebben, J.R. 1977. IV, *330 pages*.......................................*$60.*

HOMERIC HYMNS: *A Computer Concordance to the Homeric Hymns.* Tebben, J.R. 1977. *266 pages*........................*$40.*

JUVENAL: *Satires: Index Verborum. Releves statistiques.* Ed. Dubrocard, Michel. 1976. *488 pages*........................*$52.*

JUVENAL: *Index Verborum Iuvenalis.* Kelling, L. and Suskin, A. Chapel Hill 1951. Rpt. 1977...............................*$18.*

LYCOPHRON: *Lexikon zu Lycophron* (Alexandra). Ed. Ciani, Maria Gracia. 1975. *359 pages*..................................*$41.*

MARTIAL: *A Concordance to Martial.* Ed. Siedschlag, Edgar. 1979. *1072 pages*...*$120.*

THOMAS MORE. *A Concordance to the Utopia of St. Thomas More and a Frequency Word List.* Ed. Ladislaus J. Bolchazy in collaboration with G. Gichan and F. Theobald. 1978. VI, *388 pages$30.*

NOVUM TESTAMENTUM *Concordantiae Omnium Vocum Novi Testamenti Graeci.* Cura—Caroli Hermani Bruder . . . . *$50.*

LATIN PANEGYRICS. *A Concordance to Latin Panegyrics.* Ed. Janson, T. 1979. *898 pages* . . . . *$95.*

PERSIUS. *Konkordanz zu den Satiren des Persius Flaccus.* Ed. Bouet, P., Callebat, L., Fleury, Ph., Zuinghedau, M. 1976. *280 pages* . . . . *$35.*

PHILOSTRATUS. *An Index to the Lives of the Sophists of Philostratus.* Ed. Avotins, I. and Avotins, M.M. 1978. *308 pages* . . . . *$40.*

SENECA THE YOUNGER. *A Concordance to the Epigrams Attributed to Seneca the Younger.* Ed. Reagan, Chirstopher. J. 1972. VIII, *120 pages* . . . . *$18.*

SENECA. *Concordantiae Senecanae.* (Complete Works). The 2 volume set includes a Reverse Index and a Frequency Word List. Ed. Busa, R. and Zampolli, A. 1975. 2 Vols. *1647 pages* . . . . . . *$190.*

SEPTUAGINT. *A Concordance to the Septuagint & Other Greek Versions of the Old Testament (Including the Apocryphal Books.)* Ed. Edwin Hatch and Henry A. Redpath *2 volumes* . . . . *$75.*

TERTULLIAN. *Concordance, verbale du De corona de Tertullien* (Index. Concordance. Relevant Statistics. Bibliography). Ed. Quellet, Henri. 1975 *434 pages* . . . . *$53.*

VERGIL. *Virgile Bucoliques. Index Verborum. Relevés Statistiques.* Ed. Lecrompe, René. 1970. *148 pages* . . . . *$23.*

BIBLIA SACRA: *Concordantiae Bibliorum Sacrorum Vulagatae Editionis.* (Ad recognitionem iussu Sexti V. Pont. Max. bibliis adhibitam recensitae atque emendatae ac plusquam viginti quinque millibus versiculis auctae insuper et notis historicis, geographicis, chronologicis, locupletatae). Paris 1880. Rpt. 1976. XXIII, *1484 pages* . . . . *$208.*

ARGONAUTICA. *Index in Orphei Argonautica.* Ed. Guiseppe Pompella. 157 pages . . . . $28. This unlemmatized *Index Verborum* to the *Argonautica* of pseudo-Orpheus is based mainly on the edition of G. Dottin. Hermann's and Abel's editions, however, are also critically incorporated into this index, and variant readings are identified. As a special feature, most of the entries in this index are parsed.

AUSONIUS. *A Concordance to Ausonius and a Frequency Word List.* Ed. Ladislaus J. Bolchazy and Jo Ann M. Sweeney, in collaboration with Martin G. Antonetti.

An important and highly significant Latin poet of the Fourth Century, A.D., Ausonius occupies two volumes in the Loeb edition. Current interests in his celebrated literary works is founded upon his intimate, contemporary knowledge of an era characterized by the ambivalent conflict between Christianity and neo-paganism. He straddles, and thus links the ancient world with the beginnings of the Middle Ages, a period represented by a changing language structure and idiomatic revision within the Church. Combining the contemplative humanism of a poet-philosopher with the activistic resourcefulness of a statesman-politician, Ausonius is a unique, priceless source of information.

This Concordance to Ausonius, produced at Loyola University of Chicago—where textual recension of Ausoniana has been a vitally important contribution to philology—is a *sine qua non* research tool for scholars preoccupied with the language, ethics, social conditions, politics, religion and court life of the Fourth Century.

Based on the readily-available Loeb edition, this unlemmatized Concordance to Ausonius contains also other indices, including a Frequency Word List arranged in decreasing order of frequency.
Forthcoming . . . .

CONSTITUTION OF ATHENS. *A Concordance To The Anonymous Constitution Of Athens.* Ed. Dana F. Sutton.
170 pages, Hardbound. . . . . $30.
Paper . . . . $20.
This work, erroneously attributed to Xenophon in antiquity, is an intensely interesting document of fifth-century B.C. Athenian political controversy; Karl Reinhardt has called it "the first constitutional and sociological essay in world history." This work also happens to be our oldest surviving specimen of continuous Attic prose. For both these reasons it is felt that a concordance (based on the recent text of G.W. Bowersock) will be of use both for students of Greek history and of the Greek language.

QUINTUS CURTIUS RUFUS. *Index Verborum: Relevés Lexicaux et Grammaticaux.* Ed. Jean Therasse.
586 pages. . . . . $59.
This *Index Verborum,* together with 26 statistical tables, is an unusually sophisticated tool for the study of Q. Curtius Rufus and his *De Rebus Gestis Alexandri Magni.* For example, the *Index* lists not only word forms with their references and frequency counts but also their lemmata. There is also a list of all the words arranged according to their decreasing frequency. There are, in addition, lists showing the absolute and relative frequencies of grammatical categories such as: adjectives, adverbs, declensions, conjugations, moods, tenses, and comparative adjectives. Of special interest to grammarians and teachers of the Latin language is a list of all the prepositions concorded according to the various cases, moods, or tenses that they govern. Classical scholarship is very much indebted for this sophisticated tool to Therasse, the editor, to Georg Olms, the publisher, and to L.A.S.L.A.

HESIOD: *A Computer Concordance to Hesiod.* Ed. Tebben, J.R. 1977. IV, 330 pages.............................$60. The appearance of this concordance marks the first time that a complete concordance to Hesiod has been available. Based upon Rzach's Teubner edition of the "Theogony," "Works and Days," and "Shield," and the Oxford Merkelbach-West edition of the fragments, the Computer Concordance to Hesiod contains every whole word in the Hesiodic corpus. A key word in context format is used, so that approximately two lines of text surround the concorded word. Such a format facilitates the recognition of formulae and allows for the display of incomplete words where they occur in the text. While computer-generated, the text of the concordance is in Greek script and is alphabetical, with differences of breathing, accent or capitalization used to differentiate otherwise identical forms.

JUVENAL. *Juvenal, Satires: Index Verborum. Relevés Statistiques.* Ed. Michel Dubrocard. XXVIII, 275 pages......$52. This research-tool was produced under the auspices of L.A.S.L.A., the most sophisticated center for computer-oriented research in classical philology. As expected, much more is offered in this work than a mere *index verborum.* The numerous statistical tables, for example, and a list of words arranged in their decreasing frequency—in addition to a resourceful *index verborum*—constitute a virtual quantification of Juvenal's style and range of themes. By virtue of its thoroughness, sophistication, and many new statistical data, this publication supplants all the other indices to Juvenal. It is a "must" for scholars and students who espouse originality and efficiency in their study of Silver Latin, Roman Satire, Juvenal's genius, the socio-moral climate of the Empire, and the idiom of the age.

LATIN PANEGYRICS. *A Concordance to the Latin Panegyrics.* Ed. Tore Janson. 898 pages. . . . . $95. This Concordance to the Latin Panegyrical Speeches in prose spans the time from Pliny down to the sixth century A.D. The main corpus of texts, on which this concordance is based, consists of the twelve speeches preserved in the collection generally known as *XII Panegyrici Latini,* ed. Mynors (Oxford, 1964). Other panegyrics included in this concordance are those of Ausonius, Ennodius, Symmachus, Merobaudes, and Cassiodorus. The general layout of this concordance is similar to that found in Packard's concordance to Livy and Warwick's concordance to Vergil. This publication includes two other research tools: As an aid to scholars interested in enclitics and morphological suffixes, *A Reverse Index* of all words is published on pp. 841-895. For the convenience of scholars interested in lexicostatistics, a *Frequency List* is also included.

MORE. *A Concordance to the Utopia of St. Thomas More and A Frequency Word List.* Ed. Ladislaus J. Bolchazy in collaboration with Gregory Gichan and Frederick Theobald. VI/4/388 pp. . . . . $30 Concordances have been recognized by scholars as indispensable tools for research. Recently, an additional tool has been developed—a special kind of *Index Verborum* that makes possible stylometric analysis. This publication contains both: a concordance and a new kind of *index verborum* to the *Utopia* of St. Thomas More. This concordance and *index verborum* are intended for those interested in the fascinating and multi-faceted "Man for All Seasons", as well as for historians of ideas and specialists in Medieval and Renaissance Latin. This is the only published concordance to the *Utopia* of St. Thomas More, and the only *index verborum* of its kind. Both are complete. Both are based on the latest critical edition of E. L. Surtz, S. J. and J. H. Hexter. The *Index Verborum* found at the end of the concordance has the special feature of being arranged not in the traditional alphabetical order, but listed according to decreasing order of frequency, with absolute and relative frequency counts for each word. Such a list enables a scholar to spot predominant themes. It also serves as a basis for quantifying style by putting in relief, as it were, idiosyncratic words, frequency of similes, preference for certain adjectives, and other data used in stylometry.

PERSIUS. *Konkordanz zu den Satiren des Persius Flaccus.* Ed. Bouet, P., Callebat, L., Fleury, Ph., Zuinghedau, M. 1976. 280 pages . . . . $35.
Computer-printed and lemmatized, this concordance is a complementary tool in the field of research and interpretation relating to the material on Persius' *Satires* already edited by Georg Olms Verlag (*Index Verborum* by L. Berkowitz, Th. F. Brunner; *Lexicon* by D. Bo.). The actual concordance is supplemented by a bibliographical documentation (referring to the whole complex of satires as well as to each single satire) and by a lexicographical and grammatical documentation (list of proper names, frequency lists, tables of grammatical distribution).

PHILOSTRATUS. *An Index to the Lives of the Sophists of Philostratus.* Ed. Ivars Avotins and Miriam Milner Avotins. 308 pages . . . . $40.
This *Index Verborum* is based on the 1871 Teubner edition of the *Lives* by C.L. Kayser. It also includes variant readings of the Loeb edition of W.C. Wright, and the Firmin Didot text of A. W. Westermann. References are by page and line number of the Teubner edition. The Olearius pagination is also given. The entries are organized traditionally; e.g., all forms of a verb or a noun appear under their lexical entry. (For further information, see R.J. Penella's review in *CW* [Feb. 1980], p. 313).

COMPUTERIZED CONCORDANCE TO CALDERÓN

PART I (VOLS. I-V):
CONCORDANCE TO THE AUTOS SACRAMENTALES

Edited by Hans Flasche and Gerd Hofmann, University of Hamburg.

First vol. just published!

In the framework of a complete concordance of the poetical works of the Spanish dramatist Pedro Calderon de la Barca, Dr. Hans Flashe and Dr. G. Hofmann have produced a concordance of the *Autos Sacramentales.* The first attempt in Germany to make use of a computerized text analysis for Spanish studies, this project was carried out in conjunction with the German Computer Center, Darmstadt and the Computer Center of the University of Hamburg. The edition by Angel Valbuena Prat (Madrid, 1952) was chosen from among numerous editions to serve as base text. Easily used, the concordance lists every word form in alphabetical order. Each occurence is recorded along with the context of the line. The first volume includes a detailed preface. *The Autos Sacramentales* are of growing importance to linguists and students of literature, theology, philosophy, history, and sociology. To all such scholars this concordance will open up these difficult texts for criticism and commentary.

pp. 1234...$118.